U0067531

普天之下・盡是好書

普天出版家族
Popular Press Family

凌雲 A-Plus Creative Company 文創

用自信代替自卑的
從容處事法則

如果你不相信自己，誰會相信你

Who will love you
if you don’t like yourself

費茲傑羅曾說：「我們該重視的是自己在自己心中的價值，而不是自己在別人心中的地位。」
其實，人之所以會自卑，問題往往出在自己認為自己在別人的眼中「一文不值」。
因此，只要我們相信自己就算真的是「一文不值」，也是無人可以取代，那麼在我們的人生字典裡，就只會找得到「自信」，而找不到「自卑」。

江映雪 一 著

• 出版序 •

如果你不相信自己，誰會相信你

只要我們失意時也不放棄，將自己的實力發揮到極致，多一點信心再堅持一下，就能得到屬於自己的成功。

法國思想家蒙田曾說：「憎恨自己和輕視自己，是人類特有的疾病。」確實，自一種軟弱、逃避、否定自己、低估自己的心理疾病。人之所以會自卑，癥結往往出在一不如意就貶低自己的價值，要是你不懂得賞識自己，最後當然得不到別人相信與喜歡。

千萬不要將一時的失意，當成自己永世不能翻身的心靈魔咒，先萬要切記，當自己越失意的時候，就越必須努力，因爲，只有努力，才能將自己從失意的泥

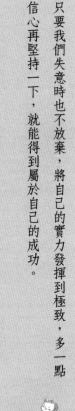

沼之中拯救出來。

失意的時候，千萬不要對未來感到悲觀和沮喪，反而要更加努力，把眼前的不如意當成是希望來臨之前的曙光。

老亨利是一家大公司的董事長，儘管年過七旬，仍不願意在家裡享清福，每天都到公司巡視。

他對員工很和善，從不發脾氣，總是鼓勵表現不佳的員工：「沒關係，別灰心，再堅持一下，一定能成功。」說完還拍拍對方的肩膀。他這種做法很得人心，大家都賣力地工作，誰也不偷懶。

一天，產品開發部經理馬克向老亨利提出報告：「董事長，這次試驗又失敗了，我看就別再試了，已經是第二十三次了。」

馬克皺著眉頭，瘦削的臉上神情十分沮喪。

「年輕人，別著急，坐下。」老亨利指了指椅子，「很多事情就是這樣，屢做屢敗，眼看沒有希望了，但再堅持一下，就能成功。」老亨利安慰馬克。

看著老亨利神色自若，又擁有如此寬廣又舒適的辦公室，馬克心裡不太平衡，心想：「他有何本事成為這間大公司的老闆？根本不懂我的難處。」

「董事長，我沒辦法了。您是不是該換個人辦？」馬克的聲音有些猶豫。

「馬克，你聽我說，我之所以將工作交給你，是因為我相信你一定能成功。讓我為你講個故事。」老亨利吸了一口雪茄，開始說了起來。

「我從小家境清寒，沒受過什麼教育，但我一直努力想闖出一番名堂。終於在我三十一歲那年，發明了一種新型節能燈，在當時造成不小轟動。但我是個窮光蛋，需要一大筆資金開發市場。

我好不容易說服銀行家投資我的節能燈市場，其他業者知道此事，害怕自己的燈會沒銷路，千方百計阻撓我。可是誰也沒想到，就在我要和銀行家簽約時，突然得了膽囊炎住進醫院，醫生說必須動手術，否則有生命危險。

其他燈廠的老闆知道我生病的消息，四處散佈傳言，說我得的是絕症，想騙取銀行的錢來治病。更嚴重的是，有一家公司正在加緊研製這種節能燈，如果他們搶在我前頭，我就完蛋了！躺在病床上的我萬分焦急，只能鋌而走險，先不動手術，如期與那位銀行家見面。

見面前，我先打了止痛劑。我忍住疼痛，裝作沒事般和銀行家討論投資的事。藥效過後，我的肚子跟刀割一樣疼，後背的襯衫都讓汗水濕透了。我仍咬緊牙關，繼續和銀行家周旋，那時我心裡只剩下一個念頭：再堅持一下，成功與失敗的關鍵就在能不能挺住這一時了。

在銀行家面前，我一點破綻也沒露，完全取得了他的信任，最後，我們終於簽了約。我送他到電梯門口，臉上還帶著微笑，揮手向他告別。當電梯門一關上，我就撲通一下昏倒在地，緊急送醫。後來醫生告訴我，當時我的膽囊已經積膿，相當危險！」

「我就是靠著這種精神，才一步步走到現在的。」老亨利微笑著，一口氣將自己的故事講完。

馬克被董事長的精神感動，打起精神繼續試驗，在試驗進行到第二十五次的時候，終於成功了。

無論一個人再怎麼優秀，再怎麼有能力，失敗的次數還是和平常人一樣。這是因爲，人們會跟與自己能力相當的人競爭，自然失敗的次數也和常人一樣。就像一個網球國手，和他比賽的對象都是國家級的網球好手，面對強勁的對手，他不一定每次都獲得勝利。

「如果能再聰明一點、再強一點就好了。」當我們遇上困難時，總會這樣想，並且相信那些比自己優秀的人所遭遇的失敗一定比自己少。因爲抱持這種想法，所以讓自己愈來愈沒信心，更容易向問題投降。

就像故事中的馬克，羨慕老亨利的成就，埋怨自己的不如意，卻沒想過老亨利的成功也是經過重重考驗。

英國作家毛姆曾經寫道：「一經打擊，就喪志失意，甚至放棄努力的人，永遠是個失敗者。」

當我們自覺能力不如人時，不妨修正自己的想法，就算再優秀的人，跌倒的次數也和我們一樣。只要我們失意時不放棄，將自己的實力發揮到極致，多一點信心再堅持一下，就能得到屬於自己的成功。

PART—1 面對挫折，才能有所得

接受人生總有坐困愁城的時候，挫折，只是讓自己邁向成功的試煉場，唯有面對問題、找出解決的方式，才能重新走出去。

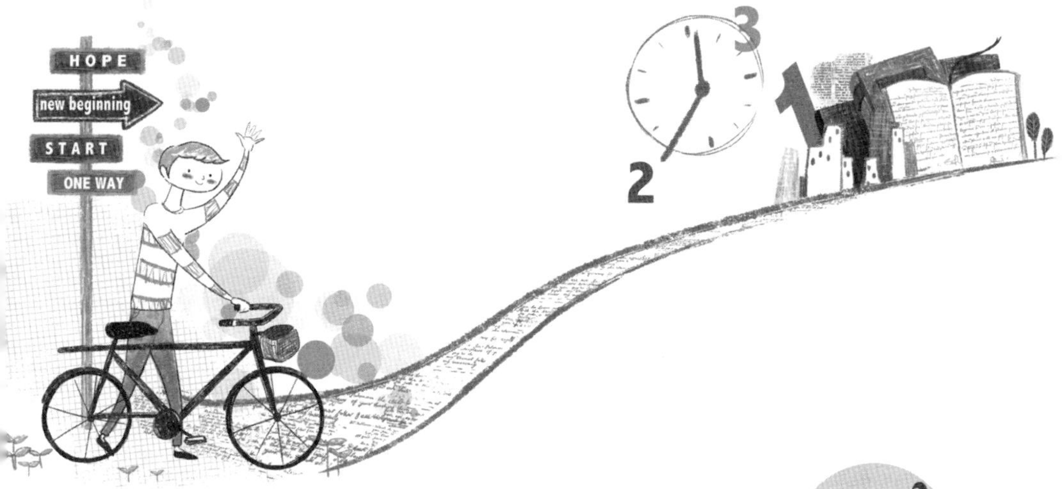

PART—2 盡力為自己的決定努力

若能謹慎為每一個人生岔路做選擇，不論得意或失意都不隨便做決定，總是為自己的選擇努力，那麼將會有驚喜等著自己。

PART—3

能坦然面對，就多一分機會

人生或多或少會碰上不愉快的事，既然事情一定會發生，也必定會過去。坦然面對眼前的狀況，也就多一分生存的機會。

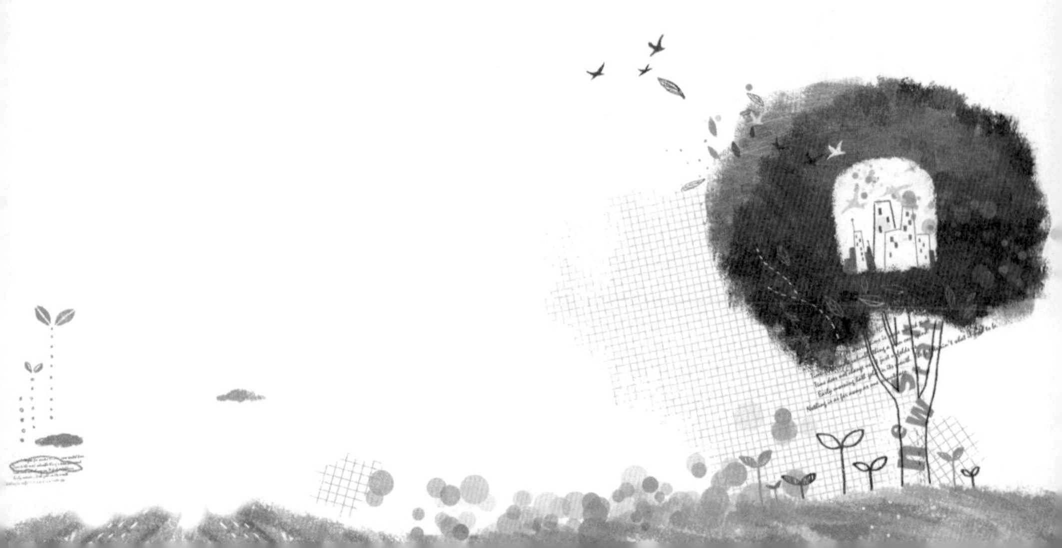

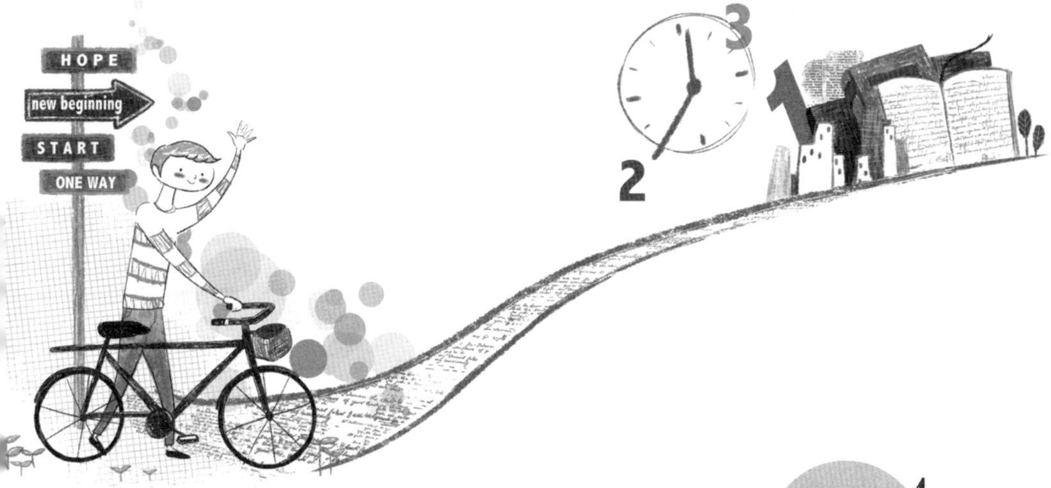

PART— 4

只要繼續努力，下次就會勝利

世上沒有失敗，只有暫時停止成功。只要努力過，就不算失敗，下一次，又是一個全新的開始。

PART— 5

別讓環境削弱志氣

有競爭才會有進步，投身到一個大家能力都不如自己的地方，除非很有毅力，懂得不斷充實自己，否則很難前進。

PART—6

發揮自己的實力，不輕易放棄

只要我們失意時也不放棄，將自己的實力發揮到極致，多一點信心再堅持一下，就能得到屬於自己的成功。

PART—7

正視問題，才能克服失意

如果我們不能正視問題、不願努力解決困境，任憑謊言埋沒自己，在失意的環境中墮落，一生就只能活在虛假中。

PART—8

勇敢築夢，就一定會成功

只要你願意相信、願意嘗試，就算是壞的開始，也是成功的一半。相信自己的「夢想」，並不是一件可恥的事。糟糕的是，最你讓它永遠只是個「夢」，不肯正視它。

PART—9

不怕犯錯，只怕不做

人都不免會犯錯，倘若因為害怕犯錯，讓自己做事綁手綁腳，便永遠無法突破現狀，因為這樣的人沒有「冒險」的勇氣。

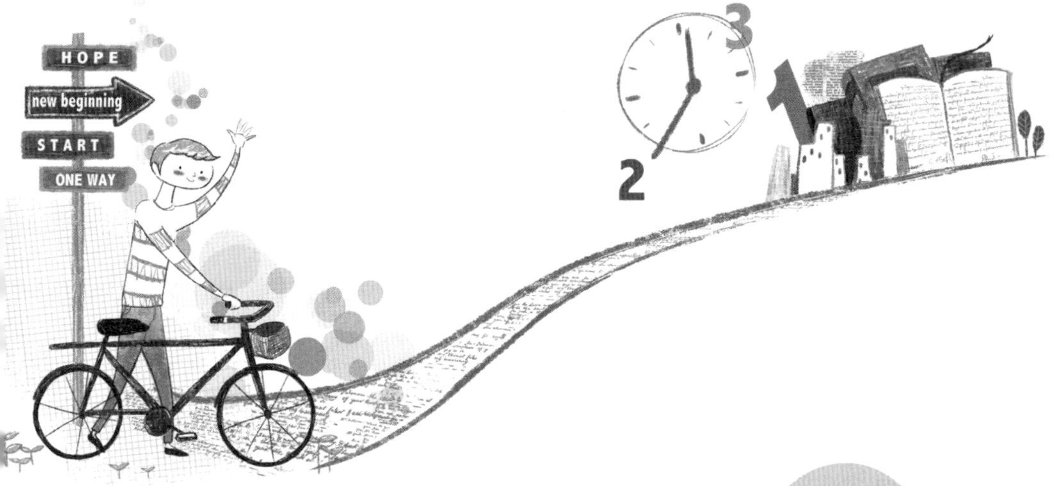

PART—10 享受巴掌帶來的好處

不要埋怨生命裡曾經承受的每一巴掌，因為蛻變是痛苦的，但是蛻變之後的你，才能變得更加耀眼奪目！

PART—11

誰說大象不會走鋼索？

只要有心，盡力就會創造奇蹟，就連大象也可以走鋼索。你又何必管別人怎麼說、怎麼想呢？

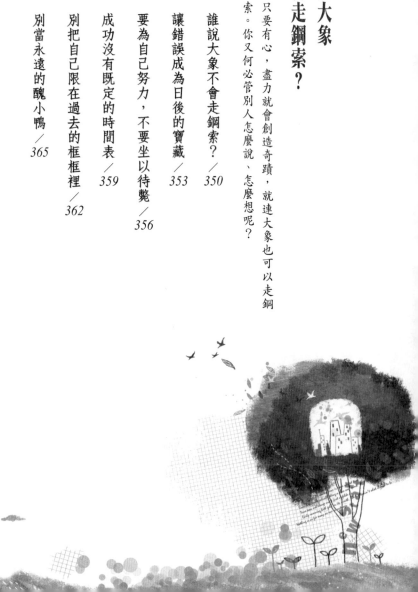

1.
PART

面對挫折，才能有所得

接受人生總有坐困愁城的時候，
挫折，只是讓自己邁向成功的試煉場，
唯有面對問題、找出解決的方式，
才能重新走出去。

轉個角度，別被思想困住

如果你有一個偉大的夢想，千萬別存著「不可能實現」的想法，只要換個心境、轉個角度，就能成就無限可能。

一場龍捲風橫掃加拿大多倫多北部一個名叫巴里的城市。這場災難造成許多人傷亡，以及數百萬美元的損失。

當天晚上，泰姆普萊頓正好經過這條公路，他是多家電台的副總裁，希望自己能為這些災民提供幫助。

泰姆普萊頓回到公司後立刻把所有行政人員都召進辦公室，在白板上方寫了三個「三」。他對大家說：「從現在開始，你們願意在三天之內每天用三個小時，為巴里的人們籌集三百萬美元嗎？」

房間裡頓時鴉雀無聲。有一個員工打破沉默說：「泰姆普萊頓，你瘋啦？這是不可能的事！」

泰姆普萊頓說：「我沒有問你們是否能夠做到，而是願不願意。」

聽完後大家紛紛點頭，表示願意。泰姆普萊頓得到回答後，又在那三個「三」的下面畫了一個大大的T，在T的一邊寫下：「我們為什麼做不到？」然後又在T的另一邊寫下：「我們如何做到？」

他說：「我要在『我們為什麼做不到』這邊畫上一個『X』，我們不用浪費時間去思考這個問題，那沒有任何意義。相反的，我們應該把『我們如何做到』這件事的每一種方法都寫下來，除非想出解決這個問題的辦法，否則我們就不離開這個房間。」

等了許久，終於有人開始發言：「我們可以在加拿大全境，用無線電播放一個專題節目。」

泰姆普萊頓說：「這是一個好主意。」然後把它寫了下來。

他還沒有寫完，又有人說：「我們不可能在加拿大全境播放專題節目，因為我們的電台頻率沒有覆蓋到整個加拿大。」這確實是一個客觀存在的障礙，他們只在安大略省和魁北克省擁有電台。

泰姆普萊頓回答道：「那是『我們如何做到』的一個主意，先不要考慮做不到的問題。」

突然，一個聲音響起：「我們可以在加拿大廣播公司裡，請最有名氣的柯克和羅賓遜來主持這個專題節目。」這真是一個有創造力的建議。

三天後，他們成功聯絡了多家電台，並策劃一個聯合廣播行動，在全加拿大，共有五十家電台同意參與這個專題節目，由柯克和羅賓遜主持。他們真的在三天內成功籌集到三百萬美元！

我們的思想是很容易被困住的，它可以轉變得很快，也可以固執到比石頭還硬。就像飛進室內的昆蟲、小鳥，只知拼命地往玻璃上撞，即使你在另一頭爲牠開啓了一扇窗，牠也不願意改變自己的方向。

如果我們總是一成不變地過生活，很容易讓自己的思想僵化，遇到不同狀況發生時，不知道該如何應變。就像故事中說出「不可能做到」的員工，直覺反應不可能，卻沒想過「如何做到」。

「如何去做」，不一定代表立即行動，卻可以提供可能的行動方式，等到時機成熟，就可以有效率地動起來。

如果你有一個偉大的夢想，千萬別存著「不可能實現」的消極想法，而要積極思考「如何達成」的可能性，即使你覺得自己的想法天馬行空，也不能放棄思索「如何去做」。

別讓自己的思想被困住了，只要換個心境、轉個角度，就能成就無限可能。

積極面對生活中的難題

要怎麼過日子全操之在己，一個積極的人，是不會把「意料中的事」當作藉口來逃避責任和壓力的。

想戰勝惡劣的環境，想活得比別人幸運，你就必須要求自己充滿「我一定可以」的信心。

自信會讓你精神昂揚，對未來充滿希望，不論置身如何不堪的環境，都能以堅定的信心度過。

只要充滿自信，你就會是自己的幸運之神！

傑羅姆的媽媽是一位了不起的女人，對子女的教育方式值得人們學習。

爸爸因心臟病去世時，傑羅姆才二十一個月大，上面還有一個五歲的哥哥。他的母親必須負擔起養家的重任，雖然她沒有一技之長，也沒受過什麼教育，卻改變了傑羅姆的一生。

傑羅姆九歲時找到了一份在街上賣《傑克遜．維爾日報》的工作，雖然這份工作能賺到的錢並不多，對家中卻有不小的幫助。

但是，年幼的傑羅姆並不想要做這份工作，因為他害怕要一個人到熱鬧的市區取報賣報，然後天黑時坐公車回家。他第一天下午賣完報回家，就對媽媽說自己再也不要去賣報了。

「為什麼？」媽媽問他。

「您不會要我去的，媽。那兒有很多野蠻的工人，他們常在那兒喝酒、打架，滿口髒話，讓我覺得非常害怕，您不會要我在那種恐怖的地方賣報紙的。」

「我的確不希望你受他們影響。」她說道：「但野蠻、粗暴是他們的事，你賣你的報紙，可以不必理會他們。」

即使這麼說，母親並沒有強迫傑羅姆一定得回去賣報，她讓他自己考慮。第二天下午，傑羅姆考慮許久，還是決定出門繼續做這份工作，他了解母親要他這樣做的用意。

母親從小就教育他們：「要是牛陷在水溝裡，你非得拉牠出來不可。哪怕是在寒冷到連眼珠都會裂開的冬天，或者下大雷雨的夜晚，不論你願不願意這樣做，甚至會讓你感到不舒服，總是要把牛拉上來的。」

那年的某一個冬日，傑羅姆在聖約翰河上被寒風吹凍得半死，一位衣著講究的女士遞給他一張五美元的鈔票，說道：「這足夠付你剩下那些報紙的錢了，回家吧，你繼續站在這裡會凍死的。」

傑羅姆做了他知道媽媽也會做的事，他婉拒了女士的好心，繼續待下去，直到把報紙全部賣完後才回家。

因為他知道，冬天挨凍本來就是意料中的事，不是罷手的理由。

在工作中，總會出現一些無法避免的難題。

如果你從事服務業，忍受顧客無理的態度是家常便飯；如果你是教職人員，面對孩子的吵鬧、家長的要求，就是你的工作；如果你是一個老闆，那麼商場上的爾虞我詐、員工管理的壓力，都是逃不掉的。

每一個行業都有難爲之處，就算你只是個家庭主婦，也避免不了要爲生活大小事操勞，這就是人生，沒有十全十美。談了戀愛，就有失戀的可能；結了婚，就有家庭責任……

要怎麼過日子全操之在己，生活中一切可能發生的情況，不是早就知道了嗎？既然不能因爲颳風下雨就不出門工作，還有什麼好苦惱、難受的呢？

一個積極的人，是不會把「意料中的事」當作藉口，逃避責任和壓力的。

很多人常在事情發生時說：「沒辦法，這就是如此。」如果把這句話當作自我調侃，倒也是一種紓壓解力的方式，但若因爲這樣就退縮、止步，人生就只能在原地踏步了。

面對挫折，才能有所得

接受人生總有坐困愁城的時候，挫折，只是讓自己邁向成功的試煉場，唯有面對問題、找出解決的方式，才能重新走出去。

一個失意的年輕人千里迢迢來到普濟寺，拜訪老僧釋圓，沮喪地對他說：「人生那麼多不如意，活著也是苟且，有什麼意思呢？」

釋圓靜靜傾聽年輕人的嘆息和埋怨，許久才吩咐小和尚說：「施主遠道而來，燒一壺溫水送過來。」

不一會兒，小和尚送來了一壺溫水，釋圓抓了一把茶葉放進杯子，用溫水沏了，放在茶几上，微笑著請年輕人喝茶。

杯子冒出微微的水汽，茶葉靜靜浮著。年輕人雖然不解，還是喝了一口，不由得搖搖頭說：「一點茶香都沒有呢！」

釋圓說：「這可是閩地名茶鐵觀音啊！」

年輕人又端起杯子品嚐，然後肯定地說：「真的沒有一絲茶香。」

釋圓又吩咐小和尚：「再去燒一壺滾水送過來。」

又過了一會兒，小和尚便提著一壺冒著水煙的滾水進來。釋圓又取來一個杯子，放茶葉、倒沸水，放在茶几上。

年輕人俯首看去，茶葉在杯子裡上下沉浮，絲絲清香不絕如縷，望而生津，便欲端杯，卻被釋圓作勢擋開。

只見釋圓又提起水壺注入一線沸水。茶葉翻騰得更厲害了，一縷更醇厚、更醉人的茶香裊裊升騰，在禪房瀰漫開來，就這樣反覆注入五次水，杯子終於滿了。

年輕人端著清香撲鼻的茶，滿足地品嚐。

釋圓笑著問：「施主可知道，同樣是鐵觀音，為什麼茶味迥異嗎？」

年輕人思忖著說：「一杯用溫水，一杯用滾水，沖沏的水不同。」

釋圓點頭道：「用水不同，茶葉的沉浮自然不同。溫水沏茶，茶葉輕浮水上，怎會散發清香？滾水沏茶，反覆幾次，茶葉沉沉浮浮，釋放出四季的風韻，既有春的幽靜、夏的熾熱，又有秋的豐盈和冬的清冽。世間芸芸眾生，也和沏茶同一道理，當沏茶的水溫度不夠，想要沏出好茶是不可能的。」

人生就像一壺茶，要散發出清香，就得歷經滾水的浸泡。低潮跟失落，就像溫水泡茶，無法將茶葉充分發揮。

當我們處於溫水泡茶的階段時，別急著怪東怪西、否定自己。此時不妨靜下心來，面對這波情緒的衝擊，接受人生總有坐困愁城的時候。

挫折，只是讓自己邁向成功的試煉場，唯有面對問題、找出解決的方式，才能重新走出去。

別排斥溫水泡茶，喝著這杯茶，或許你會覺得澀口，但唇齒之間留下的觸感，卻是將來成功的基礎。

美國股票大亨，賀西哈先生曾經這麼說過：「別問我能贏多少，而是問我能輸得起多少。」

當我們覺得不如意時，別急著舉旗投降，只有輸得起的人，才能不怕失敗。

溫水泡茶是滾水泡茶的先知，它提醒著我們未到時候，再多一點努力、多一些等待，才能得到充分的茶香。溫水泡茶更是滾水泡茶的良師，它讓我們知道，茶會冷、會澀，唯有把握最佳溫度，才能品嚐最好的茶香。

如果你正喝著一杯滾水泡的茶，那麼請細細品嚐，並持續加熱你的水，一次又一次引出茶香來；如果你端著的是一杯溫水泡的茶，也請讓它從你的唇齒間慢慢滑過，它將告訴你苦難只是累積成功的墊腳石。

能放下身分才能自在生存

只有學會彎腰和側身的人，才能夠放下尊貴和體面自由出入。否則，我們無法融入自己的生活中。

有很多人會羨慕含著金湯匙出生的人。的確，這種幸運兒比別人多了一點優勢，不怕一次失敗就全盤皆輸，有足夠的財力當後盾。

或許他們是集寵愛於一身的小王子、小公主，但那又如何呢？每個人都有自己的生活要過，又何必羨慕別人、感嘆自己？

孟買佛學院是印度最著名的佛學院之一。這所佛學院之所以著名，除了建院歷史久遠、擁有輝煌的建築物和培養出許多著名的學者以外，還有一個特點是其他佛學院沒有的。

這是一個極其微小的細節，但是，所有到過這裡的人都對外表示，正是這個細節讓他們受益無窮。

這個小細節是這樣的，孟買佛學院在它的正門旁邊又開了一個小門，這個小門只有一米五高，四十釐米寬，一個成年人想要通過，就必須彎腰側身，不然就會碰壁。所有剛進入了佛學院的人都十分納悶，那麼大的佛學院，有著壯觀巍峨的大門可以堂皇地出入，還開這個小門做什麼？

其實，這正是孟買佛學院為學生上的第一堂課。所有新來的人，教師都會引導他們來到這個小門旁，讓他們進出一次。很顯然地，所有的人都是彎腰側身進出的，儘管暫時有失禮儀和風度，但是卻達到了目的。

教師說：「大門當然出入方便，而且能夠讓一個人很體面、很有風度地出入。但有很多時候，我們要出入的地方並不是都有著壯觀大門的，或者有大門也不是隨便可以出入的。這時，只有學會彎腰和側身的人，只有能暫時放下尊貴和體面的人，才能夠出入。否則，只能被擋在院牆之外了。」

以前有個自稱「小龍少爺」的中國年輕人，在網路上極度炫耀自己的財富，甚至用百元大鈔來點煙，並且直接表明，自己最看不起的就是窮人，窮人的世界最噁心。他也諷刺白領階級一個月不過賺個四、五千元人民幣就自詡爲貴族，令人好笑。姑且不論二十三歲的他是否如自己所言，能力眞的那麼好，一個月能賺三十萬元人民幣，他的「暴發戶」行爲只會顯現出自己的無知和幼稚。

有錢沒錢、有權沒權，我們都擁有相同的條件，那就是生命的靈魂。眞正擁有靈魂，學會生活，才是財富。生命的靈魂存在於各式各樣的肉身中，無論藐如螞蟻，還是貴爲國王，都必須生活。

想要活下去，就必須學會適應這個身體、這個環境。就如同孟買佛學院的教師所言，只有學會彎腰和側身的人，才能夠放下尊貴和體面自由出入。否則，我們便無法融入自己的生活中。

有目的，做事才有動力

設定目標的目的並不是完全照做，而是讓自己有做事的動力和標的，沒有目標的人只能庸庸碌碌過日子。

一個人如果有明確的目標，通常也具備一定程度的眼光，知道自己要的是什麼，又該如何去實現它。可是，很多人卻連具體的目標也沒有，更不用說怎麼實現自己的理想了。

某公司請了一位美國人力資源專家，為員工做職前訓練。

專家一進教室就先問十幾個員工一個小問題：「你們說，開車的人進了加油站，最想完成的事情是什麼？」

開車的人進加油站還能做什麼呢？最想做的不就是「加油」嗎？有超過一半的人都這樣回答。

從老師略顯失望的眼神裡，大家看出這顯然不是他所期望的答案，所以又補充了「休息」、「買東西」等幾個答案，甚至連「上廁所」都有人想到，但最終沒有答出令專家滿意的答案。

專家說：「如果我們今天人數夠多，一定會有人告訴我，開車的人進了加油站，最想早一點離開加油站，繼續他的旅程，不管是工作還是休閒。」

專家見台下一片茫然，又解釋說：「每個人做事都會有個具體目的，而這個目的應該從屬於一個遠大的目標。」

專家像是看透了大家的心思，講了耶魯大學一項跟蹤調查的研究結果。

這項研究很簡單，研究人員對參與調查的學生們問了這樣一個問題：「你們有自己的人生目標嗎？」

對於這個問題，只有百分之十的學生確認他們有目標。

研究人員又問學生第二個問題：「如果你們有目標，是否把自己的目標寫下來了呢？」這次，只有百分之四的學生肯定回答。

二十年後，研究人員在世界各地追訪當年參與調查的學生。他們發現，當年白紙黑字把自己的人生目標寫下來的那些人，無論事業發展還是生活水準，都遠遠超過另外那些沒有這樣做的同年齡的人。而且，這百分之四的人所擁有的財富，居然超過了百分之九十六的人的總和！

或許，你想好奇地問，那些沒有把人生目標寫在紙上的百分之九十六的人，一生都在做些什麼呢？

答案是：「這些人忙碌了一輩子，都在直接、間接、自覺、不自覺地幫助那些百分之四的人們實現他們的奮鬥目標。」

看到這個答案，不曉得此刻你是否也正在思考著，到底自己是不是那百分之九十六中的一個？

曾碰過某個師院畢業的女孩，既不參加教師甄選，也沒有升學計劃。筆者認爲她目前要當上正式老師的確很困難，能另謀出路的人都很有判斷能力，因此問她：「那妳之後打算做什麼？」

得到的回答竟然是「沒想過」！看著她無憂無慮、悠閒過日子的模樣，眞不知道該羨慕，還是爲她擔心。

設定目標的目的並不是紙上談兵，而是讓自己有做事的動力和標的。目標可以隨著狀況修改，但沒有目標的人只能庸庸碌碌過日子。

心存僥倖，小心落入陷阱

僥倖的心態容易讓自己落入陷阱。明智選擇自己的戰場，讓自己贏得光榮、贏得有效率，成功才是自己的。

爲了追求想要的生活，每個人選擇了不同的戰場奮鬥，只要努力，時機成熟的時候，自然可以得到收穫。然而，戰場都有險惡的一面，充滿陷阱與誘惑，任何一個決定，都可能影響一生的際遇。

一九八二年七月二十一日清晨，警察在紐約曼哈頓區東南部巡邏時，在一棟舊樓房的牆角下發現一個可疑的塑膠袋，裡面有一具被人用鐵絲勒死的無名年輕

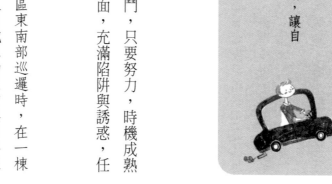

男子的屍體。

警方查出死者叫溫鮑姆，二十二歲，六月份剛從美國佛蒙特州的本寧頓大學畢業。在校時，他是校報的編輯、校壘球隊的領隊、研究莎士比亞戲劇的優等生，而且很有希望考上心理研究所。

溫鮑姆的噩耗傳來，很多人都感到愕然。但是，真正了解內情的人卻認為，溫鮑姆的死是意料之中的事。

本寧頓大學學費昂貴，每年必須支付一萬美元的學雜費和住宿費。溫鮑姆都是靠獎學金和打工賺得的錢讀書，大學學費對他來說是個沉重的負擔。

他在畫廊找到一份臨時工，又在一家心理學雜誌社當臨時編輯，還投稿寫作，但這些工作所得，仍無法維持他的生活。正當他為籌措學費走投無路時，忽然想起紐約曼哈頓區的毒品走私黑市。他認為自己精明幹練、辦事縝密，不至於出亂子，可以去試試看。

起先，他覺得那些黑市販子很有義氣，肯為朋友慷慨解囊，總是把上千甚至上萬美元塞進他的口袋，他可以用這些錢支付學費和住宿費，再買些參考書和衣

服。慢慢地，那些販子開始帶他出入豪華飯店、旅館，他的開銷也變大了，不得不更加頻繁地出入毒品市場。他也曾想過洗手不幹，可是有人威脅他：「不幹，就要你的命。」

一九八二年七月九日，溫鮑姆要為佛蒙特的一位樂師去送十克古柯鹼，和走私販子約好晚上八點在紐約曼哈頓第四號街會面。從此他失蹤了，十二天後，他的屍體被發現。

不久，溫鮑姆的死因才被查出來。原來三個月前，他曾託毒品黑市一個中間人把三百五十美元轉交給另一人，結果那筆錢被私吞了，溫鮑姆一怒之下向警察局告發那個人。

兩個月過後，溫鮑姆早忘記了這件事，可是販毒集團的首腦覺得他為了三百五十美元就向警察報案，認為他不可靠，而且他對集團內幕知道得太多，怕他洩漏出去，於是決定殺人滅口。

溫鮑姆努力求學的意志讓人敬佩，可是他卻做了一個錯誤的決定，選擇不法的捷徑讓自己脫離經濟的壓力。

俗話說：「請神容易送神難」，他以爲只要幹個幾票，就可以金盆洗手，卻忘了毒品世界的複雜與黑暗，只要踏入一步，就難以抽身，一個不小心就會摔得粉身碎骨。想要在裡面生存，就必須有同流合污的心理準備。

許多黑道電影過於強調「江湖義氣」，造成許多年輕孩人誤解和嚮往，淪爲利益爭鬥下的犧牲品。要知道，只要是「非法」的事情，就沒有所謂的「替天行道」存在，沒有利用價值的人，是很難分一杯羹的。

僥倖的心態容易讓自己落入陷阱。明智選擇自己的戰場，讓自己贏得光榮、贏得有效率，成功才是自己的。

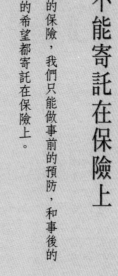

人生的希望不能寄託在保險上

人生沒有所謂絕對的保險，我們只能做事前的預防，和事後的補救，不能把所有的希望都寄託在保險上。

電影〈達文西密碼〉中，男女主角要去銀行保險櫃取出爺爺留下來的東西時，幫助他們逃開追捕的銀行高級主管，竟然也是覬覦他們寶物的一員。

人生是否有絕對的保險呢？想必你也正在思考這個問題。

一位探險家費盡半輩子的光陰，歷盡千辛萬苦、多次死裡逃生後，終於從人跡罕至的深山裡發掘出一批稀世珍寶。費了九牛二虎之力，探險家好不容易把這些寶物帶回國去。

不放心的他還找了保險公司投下鉅額保單，並且在保險公司的金庫中租了一個位置，把這些珍寶存放在特製的保險櫃裡。據說這是全國最隱密的金庫，誰也無法接近保險櫃，任何微小動作都逃不過保險櫃的偵查系統。

寶物剛放進去的前幾年，探險家每過幾天都要到保險公司親自檢查，看看保險櫃是不是出了問題。就這樣過了幾年，保險櫃都安然無恙，慢慢地，探險家也就放鬆了警戒。

有一天，他突然想起自己還擁有一批價值連城的珍寶，於是急急忙忙奔向保險公司。當他來到金庫時不由得惴惴不安，打開保險櫃一看，裡面竟然是空的，放在裡面的珍寶一件也不留。探險家一著急，心臟病發作，在送往醫院的途中便與世長辭了。

他到死也沒有想到，偷竊那批珍寶的不是別人，正是保險公司裡的工作人員，他們花了好幾年時間精心策劃了這起特大盜劫案！探險家絞盡腦汁地防範外面的盜賊，但是萬萬沒想到盜賊就在保險公司內部。他只擔心那個保險櫃會丟掉，卻沒想到保險櫃雖然在，可是珍寶早就已經不翼而飛了。

這位探險家若地下有知，大概也會氣得跳腳。自己在艱辛的探險旅程中既沒送命，也沒弄掉珍寶，結果一切都毀在自己挑選、信任的保險公司裡。

記得一位保險業務員向筆者推銷防癌保險時是這樣說的：「你買我的保險，如果最後沒有得到癌症，那麼這二十年所花的錢，就算是保障你沒有得到癌症的保險。如果你得了，那這份保險就能幫助你支付醫藥費。」

是不是覺得哪裡不太對？人生沒有所謂絕對的保險，就像保險櫃也不見得「保險」一樣。想使人生沒有後顧之憂，頂多只能做事前的預防和事後的補救，不能把所有的希望都寄託在保險上。

此外，適度懷疑別人也是一種保護自己的方法。

一個對你有所圖、想要騙你的人，更容易偽裝出善良、安全的一面，藉此贏取你的信任，等待時機下手。

不抹殺創造力，才能闖出新天地

具有創造性的人總是不斷嘗試錯誤，要是遵循正確的方法做事，就永遠無法創作。

有一個短片內容是這樣的，某位國小老師發現一個自閉的孩子在畫畫課時，用黑色蠟筆將整張紙塗滿。

老師很擔憂這個孩子的情緒，就和主任到孩子家中拜訪，結果發現孩子的房間也是一張、一張全塗黑的畫紙。擔憂的老師和家長都想不出該如何幫助這個孩子，甚至連心理醫生也束手無策。

直到有一天，有人發現孩子所畫的圖，其實是一塊塊拼圖，於是大家通力合作，在體育館中拼出一隻巨大的鯨魚，孩子也笑了。

比爾從小就跟著媽媽光顧海德先生開的糖果店。那是一間擺滿各式各樣漂亮糖果的可愛鋪子，每次走進這家糖果店，要從一堆充滿吸引力的糖果中選擇一種，就讓比爾覺得很傷腦筋。比爾認為自己必須想像出每一種糖果吃起來的滋味，才能決定要買哪一種。

「看看有什麼比較好吃的，就買那種吧。」覺得比爾考慮太久的媽媽幾乎每次都這樣說。

當海德先生把挑好的糖裝入小白紙袋時，比爾心裡總有一陣短痛，也許另一種糖更好吃，或者更耐吃吧？

海德先生將糖果交給比爾後，總會和母親聊個幾分鐘，比爾則凝視著櫃檯陳列的糖果，想像每一種的滋味。

那時候比爾還不知道錢是什麼東西，只是知道母親給人一些什麼，那人就給她一個紙袋。慢慢地，比爾的心裡也有了交易的觀念。

這一天，六歲的小比爾想起一個主意。

他偷偷來到糖果店，走向陳列糖果的玻璃櫃，裡面擺滿了新鮮的薄荷糖、嚼起來軟軟的膠糖、做成人形的巧克力糖、大塊的硬糖……

比爾選了很多種想像起來一定很好吃的糖。海德先生俯過身來問他：「你有錢買這麼多嗎？」

「喔，有的，」比爾答道：「我有很多錢。」他把拳頭伸出去，把五六顆用發亮的錫箔紙包起來的櫻桃核放在海德先生的手裡。

海德先生凝視了手心一會兒，又打量比爾很久。

「還不夠嗎？」比爾擔心地問。

「我想，你給得太多了。」海德先生回答說，「還有錢找給你呢！」他走近那老式的收銀機，把抽屜拉開，然後回到櫃台邊俯過身，放了兩分錢在比爾伸出的手掌上。

二十年後，海德先生成為擁有八家連鎖店的大老闆。

奧修的書中曾提到一個理論，具有創造性的人總是不斷嘗試錯誤，要是遵循正確的方法做事，就永遠無法創作。

孩子都擁有創造性，可惜的是，隨著成長，大人開始把社會的教條、學校的教育強加在孩子身上。孩子在還沒機會搞懂爲什麼不可以的情況下，就被限制不能這樣做，天生的創造力，便一點一滴流失了。

比爾的創造力讓他用錫箔紙包住櫻桃核來換取糖果，海德先生尊重他的創造力，讓他自由發揮而不是隨意抹煞。因爲海德先生也有一顆赤子之心，才有日後的成就，在糖果市場闖出一片天地。

2.
PART

盡力爲自己的決定努力

若能謹慎為每一個人生岔路做選擇，
不論得意或失意都不隨便做決定，
總是為自己的選擇努力，
那麼將會有驚喜等著自己。

不怕跌倒，才會越來越好

「懂得如何爬起來」，才是摔倒要帶給我們的寶貴經驗。只要面對每一次的挑戰都努力奮戰，總有一天成功將屬於自己。

法國作家巴爾札克曾說：「世間的事永遠不是絕對的，結果完全因人而異。以苦難來說，它對天才是一塊墊腳石，對能幹的人是一筆財富，對弱者則是一個萬丈深淵。」

里蒙．斯通生於一九〇二年，父親早逝，母親獨自把他撫養長大。

里蒙的母親在他十幾歲時，把辛苦存下的一點錢，投保到底特律一家小保險經紀社。這家保險經紀社替底特律的美國傷損保險公司推銷意外保險和健康保險，推銷員僅一人，那就是里蒙的母親。每推出一筆保險，她就會收到一筆佣金，這是她唯一的收入。

里蒙十六歲的那年暑假，母親引導他去推銷保險。他走到母親指派給他的大樓前，猶豫了好一會兒，才勇敢地走進去。

他逐門進行推銷，大多數的人拒絕了他，還有人當著他的面甩門。結果，只有兩個人買了保險。

第二天，他仍走向同一棟大樓，向昨天拜訪過，但被拒絕的住戶推銷保險。有了先前的經驗，他更了解該如何推銷。

這一天，他賣出了四份保險。第三天，他賣出了六份。就這樣每天一點一滴的進步，到了假期快結束時，他居然創造了一天十份保單的好成績，後來甚至有高達二十份的好成績。那時他發覺，他的成功，是因為自己有積極的心態，並能積極行動的緣故。

二十歲時，他在芝加哥開了一家保險經紀社，全公司只有他一個員工。開業

頭一天，他就賣出五十四份保險。後來事業一天比一天興旺，有一天，居然創造了一百二十二份保單的紀錄。

之後，他開始在各州招人，在各地擴展他的事業。每一個州都有一名推銷總管，管理各地員工。那時，里蒙還不到三十歲。

後來，美國因為經濟大恐慌，大家都沒錢買健康和意外保險，真有錢的，又寧願把錢存下來以防萬一。

這時，里蒙為自己增加應付困難的座右銘：「銷售是否成功，決定於推銷員，而不是顧客。**如果你以堅定的、樂觀的心態面對艱難，反而能從中找到益處。**」結果，他每天成交的份數，竟與以前鼎盛時期相同。

到了一九三八，里蒙成了一名百萬富翁，而他所領導的保險公司，也成為美國首屈一指的大企業。

多數父母都會希望自己的孩子「不要跌倒」，總是盡其所能的保護他，讓他不受傷害。可是，世界上有哪一個人的一生，從未受過傷呢？

爲人父母只能盡量選擇平坦的道路讓孩子行走，卻不能保證在這條路上沒有車子橫行。里蒙的母親清楚知道這點，唯有親身經歷過摔倒，才懂得如何爬起來，因此鼓勵年紀輕輕的他，走進人群賣保險，即使這並不是一件容易的事。

別將焦點聚集在「會摔跤」上，「懂得如何爬起來」才是摔倒要帶給我們的寶貴經驗。就算我們能保護自己現在不跌倒，可是難保哪一天跌倒時，是否眞的有能力去承擔那種傷害。

那些從來不曾受過風吹雨打的溫室裡的花朵，一旦接觸室外的世界，往往比一般野花更容易受到強風豪雨的摧殘，就此一蹶不振。

如果你是個常常摔跤的人，也不必太灰心，因爲你將有機會成爲一個「懂得如何爬起來的高手」。只要充滿積極上向的心態，面對每一次的挑戰都努力奮戰，總有一天成功將屬於自己。

相信自己，批評可以一笑置之

一切批評你可以選擇參考或接受，只要自己總是努力認真地生活著，凡事無愧於心，對於不善的言詞都可以一笑置之。

被批評的確是一件令人難受的事，沒有人喜歡被批評。連頗有名望的法國足球選手席丹，都可以因爲對手幾句污辱的話而做出犯規舉動，被判紅牌出場，在人生最後也是最重要的一場比賽中留下遺憾。

可是，因爲別人的幾句批評而一蹶不振，或者發生打架、砍人的事件，甚至因爲那些話而丟掉生命，眞的值得嗎？

一群人到山上打獵，其中一個獵人不小心掉進很深的坑洞裡，右手和雙腳都摔斷了，只剩一隻健全的左手。坑洞非常深，又很陡峭，所有的人都束手無策，只能在地面上喊叫。

幸好，坑洞的壁上長了一些草，那個獵人就用左手撐住洞壁，以嘴巴咬草，慢慢地往上攀爬。地面上的人就著微光，看不清洞裡情況，只能大聲為他加油。等到看清他身處險境，靠嘴巴咬著小草攀爬時，忍不住議論起來。

「哎呀！像他這樣一定爬不上來的！」

「情況真糟，他的手腳都摔斷了耶！」

「對呀！那些小草根本不可能撐住他的身體。」

「真可惜！如果他就這樣摔死了，留下的龐大家產就無緣享用了。」

「是啊，他的老母親和妻子可怎麼辦才好！」

落入坑洞裡的獵人聽到最後實在忍無可忍，忍不住張開嘴巴大聲吼叫：「你們都給我閉嘴！」

就在他張口的瞬間，再度落入坑洞。重傷的他即將死去之前，還聽到洞外異

口同聲傳來：「我就說嘛！用嘴爬坑洞，是絕對不可能成功的！」

有一個小和尚非常苦惱，因為師兄師弟們老是說他的閒話，讓他無所適從。就連唸經的時候，他的心也在那些閒話上。

於是，他跑去向師父告狀：「師父，他們老說我的閒話。」

師父雙目微閉，輕輕說了一句：「是你自己老說閒話吧。」

「是他們瞎操閒心。」小和尚不服。

「不是他們瞎操閒心，是你自己瞎操閒心。」

「是他們多管閒事。」

「不是他們多管閒事，是你自己多管閒事。」

「師父，您為什麼這麼說？明明都是他們說的啊。」小和尚得不到師父的安慰，急得快哭出來。

「操閒心、說閒話、管閒事，那是他們的事，就讓他們說去，與你何干？你不好好唸經，老想著他們操閒心，不就是你在操閒心嗎？老說他們說閒話，不就

是你在說閒話嗎？老說他們管閒事，不也是你在管閒事嗎？」

批評是一種很主觀的東西，它出於評論者的口中，代表的不過是他個人的看法和觀點，它可能很有道理，也可能是胡說八道，純粹是爲了打擊對方。對於這類「個人」話語，更需要用理智來判斷。

或許你會說：「這些我都懂，可是我還是很在意。」

爲什麼會這樣呢？當別人的批評出口時，已與他們無關，反倒是受到批評的人，一直把那些話放在心上，一次又一次用它來折磨自己。也因此，才會如此在意別人的批評，並深受其擾。

請謹記一個眞理：別人的批評，其實與你無關。

對方會批評只是因爲他想批評，不管是說些無關緊要的閒話、或者刻意攻擊，還是想給你建議，都只是他個人的意見。一切批評你可以選擇參考或接受，當然也可以拒聽，拒絕對方不善的言論。只要你知道自己總是努力認眞地生活著，凡事無愧於心，對於不善的言詞都可以一笑置之。

盡力為自己的決定努力

若能謹慎為每一個人生岔路做選擇，不論得志或失意都不隨便做決定，總是為自己的選擇努力，那麼將會有驚喜等著自己。

費茲傑羅曾說：「我們該重視的是自己在自己心中的價值，而不是自己在別人心中的地位。」

自卑的人往往認爲自己在別人的眼中「一文不值」，低估了自己的價值。人生的道路是內心世界的延伸，只要對自己充滿信心，不斷充實自我，每個人都能散發出獨特的魅力，改寫自己的人生。

德國一個火車小站裡，一位扳道員正要走向自己的崗位，去為一輛徐徐駛近的列車扳動道岔。

鐵軌的另一頭也出現一輛火車，正從相反方向隆隆駛近車站。假如他不扳道岔，這兩輛火車就會相撞，釀成巨大的災難。

這時，他無意間回頭，赫然發現自己的小兒子正在鐵軌的那一端玩耍，而那輛開始進站的火車就行駛在這條鐵軌上。

「怎麼辦？」他的腦海裡冒出一道聲音，是要立即飛奔過去，把兒子搶救上站台，還是要繼續扳動道岔？

一想到迎面駛來的列車上將會有數百人面臨喪生的厄運，他強忍巨大的痛苦，決定不違反自己肩負的安全職責。

這位工人向他的兒子大吼一聲：「臥倒！」隨即快步奔向崗位扳動了道岔，一眨眼工夫，這輛火車安全地進入了預定的鐵軌。

他的兒子由於平常就習慣服從長輩的命令，沒顯出絲毫的慌亂，立即筆直地躺倒在鐵軌中央，一列火車就這樣從他的頭頂呼嘯飛馳而過。

車上的旅客們毫不知情他們的到來為一顆崇高的心靈帶來了多麼巨大的痛楚，

他們的生命也懸在千鈞一髮中。

隨即，那位父親朝著兒子的方向狂奔而去，不敢想像將會看到多麼慘不忍睹的情狀。當火車通過，看到兒子還活著，而且未受一點損傷，慢慢起身時，他激動得流下眼淚！

如果你是那位鐵道員，你會怎麼做出什麼樣的抉擇呢？是救孩子，還是救整車的乘客？不管選擇哪一個，都會在人生中留下巨大的創傷，可是你就是必須做出一個選擇。

每個人的一生，都是由無數次的抉擇形成的，當你做出一個決定，人生就是一個新局面的開始。就像走向人生的岔路，不管你選擇了哪一條，都會帶你走向不同的方向，過一個不同的人生。

例如，在同一家庭中，一個孩子選擇留在家鄉發展，他的一生可能就是安安穩穩，沒有什麼大風大浪；另一個孩子決定到異鄉奮鬥，他的人生際遇將完全改變，讓人難以預期。

交朋友也是一種選擇，當你選擇跟一群狐群狗黨友好時，等待你的可能是打架、吸毒，或者開啓的監獄大門。可是，你選擇遠離這些人，等待自己的又是不一樣的人生。

或許你會說：「既然這樣，我乾脆什麼決定都不做，不做任何選擇，隨著生命或者長輩的安排自然發展吧。」

就算是這樣，也是一種選擇，因爲你選擇把決定權交給了別人。

日常生活中充滿了各式各樣的選擇，小至今天要吃什麼、穿什麼顏色的衣服、去哪裡玩，大至是否要動一個成功率只有百分之三十的手術、要不要個生孩子……等等。

當你做出一個選擇，就會有不同的改變。若能謹慎爲每一個人生岔路做選擇，不論得意或失意都不隨便做決定，總是爲自己的選擇努力奮鬥，那麼將會有出乎意料的驚喜等著自己。

想受人幫助，得先自助

不要被一時的挫敗打擊，越是失意的時候越要努力行動，只要有所行動，就能吸引別人來幫助自己。

大學剛畢業時，他進入一家報社當新聞記者。有一天，他正在趕寫一篇文章時，編輯部主任突然對他說，晚上有一場很重要的音樂會，可是負責寫這篇音樂評論的記者突然生病住院了，因此決定派他去參加音樂會，並寫出一篇評論文章，明天見報。

他對音樂一竅不通，怎麼有辦法寫出評論文章呢？但是，主任的命令他沒有膽量拒絕，只好不吭一聲。

主任見他沉默，了解他擔心自己不能勝任，便告訴他說：「沒有過不去的火焰山，船到橋頭自然直。你們這些大學生，頭腦轉得快，我相信你會克服困難，寫出一篇像樣的評論文章的。」然後，主任擺了擺手，容不得他再說什麼，就把他打發了出去。

當天晚上，他愁眉苦臉地坐在劇場中。劇場另一邊，他清楚地看到了另一家報社的記者翹著二郎腿，微閉著雙眼，腦袋隨著音樂的節奏微微晃動，一副胸有成竹的樣子。

他知道，明天他們的報紙上肯定會出現精采的文章。目前最讓他苦惱的是，自己的任務該怎麼去完成呢？

音樂會快結束的時候，他突然想到了一個辦法。舞台上的布幕才剛落下，他立即衝到後台，找到一位著名的小提琴演奏家。他向她自我介紹，說明自己面臨的困難，坦誠地向她求助。

他說：「實際上，我是在請您幫忙我寫這篇音樂評論。我想，您一定願意幫助我這名新手的。」

小提琴家望著他笑了，喝了一口水，便滔滔不絕地講了起來，他也趕忙做起筆記。第二天，兩篇評論文章同時見報，圈內人士都驚呼發現一名音樂評論新星。一炮而紅的他，成為專職的音樂記者。

他運用第一次成功的經驗，再加上不斷地學習和鑽研，幾年後，成為大家公認的音樂評論家，最後還擔任一家全國性音樂雜誌的總編輯。

一個從未接觸音樂領域的人，卻能走上音樂評論這條道路，並有如此成就，實在教人敬佩。然而，真正讓他踏上成功之路的原因是什麼呢？

可以想一想科學家牛頓說過的話：「如果說我看得比別人更遠，那是因為我站在巨人的肩膀上。」

這位對音樂一竅不通的大學生，懂得尋求前輩及周邊人的協助，讓他有辦法寫出精闢的文章。即使另一家報社的記者對音樂有再多的了解，也比不上一個真正的音樂家，寫出來的評論，自然不敵大學生寫的。

大學生等於站在這位音樂家的肩膀上，借著她的力量，用兩個人的智慧，拉

近他和另一個記者在音樂知識上的差距。

在這一切前提下，最重要的還是大學生「自助」的行動。

如果他在聽完音樂會後，沒有向小提琴家尋求幫助，而是回家苦思一晚，是不可能擠出一篇像樣的評論文章的。

一個人想要獲得別人的幫助，就必須有膽識去尋求援助的管道。既然不懂音樂，就去找個懂的人來幫忙。

不要被一時的挫敗打擊，越是失意的時候越要努力行動，只要有所行動，就能吸引別人來幫助自己。

處在困境，更要保持平靜

不論處在怎樣失意的環境中都努力保持平靜，並且多花點心思關心他人，就會發現，原來我們的問題也不怎麼樣了。

亨利從商多年，過了半百的年紀，事業仍無起色。屢屢受挫的他情緒十分低落，常常無端地發脾氣，埋怨所有不如意的事。

有一天，他對妻子說：「這個城市令我失望透了，我想離開這裡，換個地方。」無論朋友們如何勸留，都無法改變他的決定。

亨利和妻子來到了另外一個城市，搬進一幢老舊公寓。亨利忙於生意，早出晚歸，對周圍的鄰居未曾在意。一個週末的晚上，亨利正對妻子抱怨碰上商場上的騙子時，突然停電了，屋子裡一片漆黑。

亨利很後悔搬來時候沒有準備蠟燭，只好無奈地坐在地板上抱怨起來。這時，門口突然傳來輕輕地、略為遲疑的敲門聲，打破了黑夜的寂靜。

「誰呀？」亨利在這個城市並沒有熟人，也不願意在週末被人打擾。他很不情願地起身，摸黑走到門口，不耐煩地開了門。

門口站著一個小女孩，怯生生地對亨利說：「先生，我是您的鄰居。請問您有蠟燭嗎？」

「沒有！」亨利粗暴地回答，並在下一秒「砰」一聲地把門關上。

「真是麻煩！」亨利對妻子抱怨道：「討厭的鄰居，我們剛剛搬來就來借東西，這樣下去怎麼得了！」

就在他滿腹牢騷的時候，門口又傳來了敲門聲。打開門，門口站著的依然是那個靦腆的小女孩，只是手裡多了兩根蠟燭，紅通通的，就像小女孩漲紅的臉，格外地顯眼。她小心翼翼地說：「奶奶說，樓下來了新鄰居，家裡可能沒有準備蠟燭，要我拿兩根給你們。」

亨利頓時楞住了，被眼前發生的一幕驚呆了，好不容易才緩過神來。這次他真誠地說：「謝謝妳和妳奶奶，上帝保佑妳們！」

當一個人處於困境時，越想獲得平靜，反而越感到苦惱。因爲此時將焦點過度集中在自己身上，總是用放大鏡看待自己的處境。

處境不順的人滿腦子只想著：「我眞是天底下最不幸的人了。」自憐的情緒之後，就是感慨、憤怒，抱怨整個大環境爲何要這樣對待自己。

挫折的情緒每個人都有，可是若讓自己沉浸其中，甚至遷怒他人，只會讓視野更狹窄，前方的道路更加崎嶇難行。

看到小女孩拿著蠟燭的瞬間，亨利終於明白到，自己失敗的根源就在於對別人的冷漠與刻薄。如果我們能拉開一點距離來看待自己的問題，不論處在怎樣失意的環境中都努力保持平靜，並且多花點心思關心他人，就會發現，原來我們的問題也不怎麼樣了。

即使得意，也不能忘了自己

人生失意的時候便要加倍努力，得意的時候同樣不能忘了努力、忘了自己。唯有低頭的麥穗，才是飽滿的。

俄國作家托爾斯泰說：「一個人就像是一個分數。他的實際才能是分子，他對自己的評價是分母。分母愈大，則分數的值愈小。」

如果我們對自己的評價過高而忘我，不懂得繼續充實，反而會蓋過原有的能力。相反的，如果能爲自己和別人打下客觀的分數，藉著幫助別人的機會更了解自己的實力，才能增加分子。

小李的父親有位好朋友是國內知名畫家。小李每次去他家拜訪，都會遇上登門求教的年輕人，畫家朋友總是很有耐心地幫人看畫，給予建議，常常一指導就耗去了大半天。

對於有潛力的人，畫家還會熱心地推薦給藝術界及相關單位，這樣做更是花了他不少的時間和精力。

小李知道他的時間很寶貴，至於提攜後輩只是義務，並非絕對必要的事，忍不住問他：「您何必這樣做呢？您隨便畫一幅畫就有幾萬塊的收入，受邀參加講座也有好幾千塊。不如多畫點畫，多接幾場演講，何必把時間浪費在這些小人物的身上呢？」

畫家楞了楞，然後笑著說：「我為你講個故事吧！」

畫家說，四十年前，有一個年輕人拿了自己的畫作來到大城市，想請一位自己景仰的畫家指點。那畫家看這年輕人是個無名小卒，連畫都沒打開，就說自己有事，下了逐客令。

那年輕人走到門口，轉過身說了一句話：「老師，您現在站在山頂，往下看我這個無名小卒，把我看得很渺小；但您也應該知道，我在山下往上看您，您也同樣很渺小！」說完轉身揚長而去。

因為這件事，讓年輕人更努力充實自己，最後總算有一點名氣。

說到這兒，小李便明白，當年那位連畫都來不及打開就被趕走的年輕人，就是他的畫家朋友啊！

最後，畫家畫了一幅畫送小李。那幅畫是一座山峰，山頂有一個人往下看，山下有一個人往上看，兩個人果然是一樣大小的。

這個故事告訴我們，一個人的形象是否高大，並不在於他所處的位置，而在於他的人格、胸襟和修養。

能夠精通一門學問的確讓人敬佩，獲得他人的肯定之時也別忘了謙虛爲懷。畢竟一個人的成功，絕對不是單靠自己的力量。

小李從畫家處獲得的，不僅僅是價值好幾萬的畫作，更珍貴的是畫家領悟出來的人生之道：一個成功的人生、一部好作品的出現，是由生命中無數的事件，以及許許多多的「過客」共同成就的，因爲有他人給予的磨練和幫助，才能讓生命更精采。

不論得意或失意，都要保持純淨與謙恭，才能向上提升，就像俄國評論家別林斯基所說：「一切真正的和偉大的東西，都是淳樸而謙虛的。」

人生失意的時候便要加倍努力，得意的時候同樣不能忘了努力、忘了自己。唯有低頭的麥穗，才是飽滿的，它感謝上天賜予的陽光和雨水，盡己所能將自身的養分貢獻、回饋給大地萬物的生靈。

要克服環境，不要被環境限制

必須時時注意自己所處的環境，千萬別等到自己變得跟環境一模一樣時才發現不對勁，這時候通常都來不及了。

人都是好逸惡勞的，當你在一個安逸的環境久了，通常都不會想改變。只要過得去，何必讓自己累個半死，輕鬆自在不是很好嗎？

環境和人的關係是「相對相生」的。在「相對」期間，不是你改變環境，就是環境改變你。等到一切成形後，就進入了「相生」階段，你將和環境和平共處，彼此融合在一起。

如果這個環境是個讓人奮發向上，充滿朝氣的地方，耳濡目染下，人也會跟著成長。相反地，若是置身死氣沉沉、溫吞散漫的環境，又未曾時時提醒自己要打起精神、強迫自己要不斷努力，便很容易跟著麻痺、怠惰。

一位老師帶著一群國中生到野生動物園做戶外教學。經過水塘時，幾隻優美的天鵝，在水面上追逐嬉鬧的身影吸引了他們的目光，於是一群人便停下腳步觀賞天鵝的姿態。

關於天鵝，這位老師所知不多，只知道牠們是一種候鳥，有著長途遷徙的習性。每一年，天鵝都要飛越千山萬水，從寒冷的北國飛到溫暖的南方過冬，這段距離長達萬里。

可是，眼前的這群天鵝為什麼有辦法在沒有任何柵欄圍堵的情況下，常年待在一方狹小的水域，不會飛走呢？

是因為牠們的翅羽經常被修剪得很短？還是雙翅被繩子牢牢地綑綁著？抑或是牠們的雙足套著一對沉重的鐵環？

面對學生此起彼落的問題，老師不知道該如何回答。這時，一位飼育員走了過來，了解狀況後，便熱心地替他們解說起來。

原來，為了不破壞天鵝高貴優雅的姿態，又必須同時剝奪牠飛翔習性，有一個兩全其美的辦法，便是盡量縮小水域的空間。

因為天鵝展翅高飛之前，必須有一段足夠長的水面可供滑翔，如果助跑線的長度過於短促，天鵝就難以施展擁抱藍天的理想了。

久而久之，這群天鵝便會喪失飛翔的意圖，甚至泯滅了飛翔的本能。

望著這群長年窩在狹小水域，展翅卻不曾高飛，只會向人乞食的美麗天鵝，讓人難免引起一陣感慨。

古人稱天鵝爲「鴻鵠」，就是志向高遠的象徵。然而，一旦失去了飛翔的能力，「鴻鵠」和「燕雀」又有什麼區別呢？

這也讓人想到曾經流行一時，每顆價值上千元的方形西瓜，那是人爲利用容器限制生長下，刻意栽培而成的形狀。

讀到這兒，相信聰明的你是否開始對自己發出警訊？想想自己是不是也讓自己待在某個被限制的環境中而不自覺呢？

必須時時注意自己所處的環境，在適當時候做點改變，就像電腦每一段時間都會升級一樣，才能讓自己在穩定中成長。千萬別等到自己變得跟環境一模一樣時才發現不對勁，這時候通常都來不及了。

要克服環境，不要被環境克服。只有具備不怕失敗的勇氣與鬥志，才可能以最佳狀態面對人生的順境和逆境；一個不敢迎接生命中的各種挑戰，總是屈就環境的人，成功之路終將遙遙無期。

不論得意或失意，都要得人敬意

不論在得意還是失意的時候，都能保持同樣的態度，獲得別人的尊重和敬愛，才是最有價值，最值得驕傲的事！

一天，蘇格拉底和弟子們聚在一起聊天。一位家境富裕的學生，趾高氣揚地對著所有同學炫耀，他家在雅典附近擁有一望無際的肥沃土地。

當他口若懸河大肆吹噓的時候，一直在旁邊不動聲色的蘇格拉底拿出了一張世界地圖，對他說：「亞細亞在哪裡？麻煩你指給我看。」

「這一大片全是。」學生指著地圖回答。

「很好！那麼，希臘在哪裡？」蘇格拉底又問。

學生好不容易在地圖上將希臘找出來，但和亞細亞相比，的確是小多了。

「雅典在哪兒？」蘇格拉底又問。

「雅典，這就更小了，好像是在這兒。」學生指著地圖上的一個小點說。

最後，蘇格拉底眼神堅定地看著他說：「現在，請你再指給我看，你家那塊一望無際的肥沃土地在哪裡？」

學生當然找不到，他家那塊一望無際的肥沃土地在地圖上連個影子也沒有。這時，他似乎有些覺悟，回答道：「對不起，我找不到了！」

許多人不斷追求外在的身分、地位、權勢、錢財等來突顯自己的顯貴，就爲了讓衆人的目光停留在身上，享受那份炫耀帶來的驕傲。

撇掉這一切，內在還剩下多少呢？

翻開地圖，人類是多麼的渺小，更不用說地球只是宇宙中的一顆小行星。若從地圖來看自己，人的一生實在沒有什麼值得一提的，那些華麗的外在，總有消失的一天。

看過一個頗有社會地位的人，說了這樣一段故事：

有一天，我在擁擠的車潮中駕著車以龜速前進。那時候我心裡非常著急，因為我正要趕去簽一份價值五百萬美元的重要合約。正在等紅燈時，一個衣服襤褸的小男孩，敲著車窗問我要不要買花。我拿出兩美元，那時綠燈正好亮起，後方的車子開始猛按喇叭催促著，一急之下，我口氣不佳對著正問我要什麼花的男孩說：「什麼顏色都可以，你只要快一點就好。」

那男孩十分禮貌地說：「謝謝你，先生。」

開了一小段路後，我開始感到良心不安，自己粗暴無禮的態度，卻得到對方如此有禮的回應。於是我把車停在路邊，回頭找到那孩子，對他表示歉意，並且再給了他兩美元，要他自己買一束花送給喜歡的人，那個孩子笑了笑，並道謝接受了。當我回去發動車子時，車子竟然故障了，一動也動不了，我只好步行找拖吊車幫忙。正在思索時，一輛拖吊車已經迎面駛來，我愣在當場。司機看著我吃驚的臉，笑著對我說：「有一個小孩給了我四美元，要我開過來幫你，並且還寫

了一張紙條要給你。」

我打開一看，上面寫著：「這代表一束花。」

「這就是我一生中最感到驕傲的時候。」那個有一定社會地位的人這樣說道：

「因爲我能夠得到別人的相信、肯定和敬愛。」

擁有社會地位，的確能獲得他人尊敬的眼光，可是一旦卸下這個光環，還有什麼呢？即使不在乎別人的看法，又會希望眞正的自己是怎樣的一個人？

只有身爲一個「有心人」，不論在得意還是失意的時候，都能保持同樣的態度，獲得別人的尊重和敬愛，才是最有價值，最值得驕傲的事！

3. PART

能坦然面對，就多一分機會

人生或多或少會碰上不愉快的事，
既然事情一定會發生，
也必定會過去。
坦然面對眼前的狀況，
也就多一分生存的機會。

如果你不相信自己，誰會相信你？

有挫折的人生是正常的，阻礙的出現反而能激勵自己，在想辦法超越它的同時，也將發現更廣闊的天空。

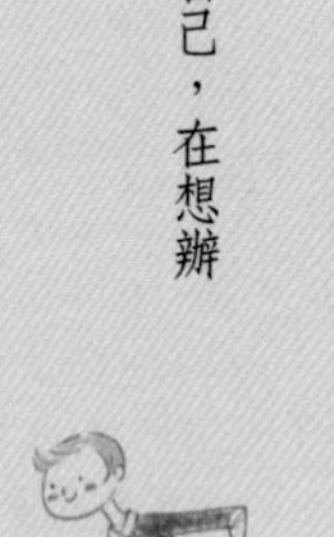

曾聽一個長輩說起當年的經歷：

國中成績沒有很好的她，在高中聯招要填志願卡時（當年是先填志願後考試分發），老師看見她將第一志願的高中填上去，對她說：「以妳的成績要考上第一志願是不可能的事，還是趁早改掉吧！」

不服氣的她不願意改，反而更加用功，終於讓她低空飛過，考上第一志願，後來也順利進入大學。這對當年連國中都要考試才能升學、女孩子能唸書到國中就很不錯的年代來說，是很難得的一件事。

如果當年這位長輩聽信了老師的話，就此放棄自己，無法上第一志願的她根本沒機會唸大學。

高中時貝蕾想學打字，卻因為手部的殘疾怕影響全班進度而被拒絕。她的爸爸告訴她：「時光易逝，妳不能就這樣放棄，往後還有好多障礙等著呢！」於是，她借了朋友的打字機自己練習。

貝蕾對記者的工作非常感興趣，可是她明白手有殘疾的她當記者的機會微乎其微，只能把目標對準廣播電台。

她選修廣播電視的課程，一段時間後將自己練習主持的錄音帶寄到幾家電台去，堪薩斯市立電台通知她錄取了，並要她去報到。

當節目負責人見到貝蕾本人時，緊盯著她的手，懷疑她是否能操控廣播台上的按鈕。貝蕾察覺到他的疑惑，就做了過去一直努力練習的打字動作讓他看。之後四年，貝蕾一直在這家電台工作，從堪薩斯到紐約，最後到聖地牙哥。

貝蕾深知廣播並不能滿足她的夢想，決定孤注一擲，朝電視台前進。結果，幾乎讓她心灰意冷，一些電視台沒有給任何理由便直接回絕，另一些則搖頭說：「很遺憾的，妳的手會分散觀眾的注意力。」

可是貝蕾從未放棄，不斷地投履歷應徵。花了一年半的時間後，KG電視台聘用她為消費者專欄的記者，她知道他們沒有讓有缺陷的人上鏡的先例。

練習三週後，貝蕾開始感到不安。

因為她將在KG電視節目中首次亮相，她戴著仿指手套，看起來幾可亂真，但貝蕾卻覺得非常虛假，「我豈不成了木偶！」

螢幕上的她顯得又僵硬又呆板，和她搭檔的主持人察覺了她的不安。

「是手套，」貝蕾告訴他：「它讓我覺得好像戴著面具。」

他說：「摘下它吧！到鏡頭前去，讓我們看看會怎樣。」

她感到寬慰，更感到驚慌，心想：「我的電視生涯就在賭今晚了，觀眾否定的信和電話將永遠刺破我的夢想。」

那天晚上五點新聞開始，貝蕾赤手出現在螢幕上，接下來，便是等待。過了不久，電話和信像雪片般飛來，裡面充滿了肯定，許多人讚嘆貝蕾顯現出真實的自我，更有人根本沒留意她的手，對她的表現慷慨地給予了「自然」的評價。貝蕾很快成為了美國CBS電視台最著名的節目主持人之一。

貝蕾的故事告訴我們一個眞理：「不要讓外界告訴你，你能做什麼，如果將手縮進袋子裡，你永遠爬不上成功的梯子。」

當別人拒絕了你，並不代表你要拒絕你自己，有挫折的人生是正常的，如果一生都平順無波折，就很像一朵人造花，雖然看起來美麗，卻缺少了花朵應有的芬芳。如果你不相信自己，誰會相信你？阻礙的出現反而能激勵自己，在想辦法超越它的同時，也將發現更廣闊的天空。

機會界於零和無限之間，就看你如何把握它。

不怕一時失敗，機會才會存在

人生是不斷「試鏡」的過程。一個不因「面試」失敗就放棄，隨時準備面對下次考驗的人，人生總有開花結果的時候。

態度會決定人生的高度，要是你把自己視爲泥土，那就註定一輩子要被別人踩在腳下。

不管遭遇什麼困境，都要對自己充滿信心，及時改變視野、格局，放下內心那些偏頗、怨艾、自卑，最終才會改寫自己的人生。

壯志與熱情是夢想的羽翼，自信與堅韌是成功的階梯，只有對生抱持著積極樂觀態度的人，才能穿越荊棘遍佈的人生道路，度過眼前的難關，開創璀璨的未

來……

人生不可能沒有失敗挫折，但是也沒有過不去的難關；生命中的每個難關都提昇精神意志，增加本身能力的磨練，唯有選擇以開闊的胸襟面對，才能替自己的未來創造更多機會。

很久以前，有一位挪威青年漂洋過海來到法國，準備報考著名的巴黎音樂學院。考試的時候，儘管他竭力將自己的水準發揮到最佳狀態，但最後主考官還是沒有錄取他。

身無分文的青年，只好走到離學院不遠處的一條繁華街上，在一棵大樹下拉起手中的琴，希望能藉此忘掉飢餓，籌到旅費，以尋求下一次考試的機會。他拉了一曲又一曲，吸引了無數人的駐足聆聽。

圍觀的人們沉浸在優雅的旋律中，一曲結束之後紛紛掏錢放入琴盒，卻沒有離開的意思。

一個無賴不屑於這樣的狀況，決定打擊青年的士氣。他大搖大擺地走過去，帶著鄙夷的神情，將錢扔在青年的腳下。

青年看了看無賴，彎下腰拾起地上的錢，遞給無賴說：「先生，您的錢掉在地上了。」

無賴接過錢，再一次扔在青年腳下，抬高下顎，傲慢地說：「這錢已經是你的了，收下吧。」

青年平靜地看著無賴，深深地對他鞠了個躬，然後不卑不亢說道：「先生，謝謝您的資助！剛才您掉了錢，我彎腰為您撿起。現在我的錢掉在地上，也麻煩您也為我撿起來！」

無賴被青年出乎意料的舉動震撼了，在眾人的目光下，終於撿起地上的錢放入琴盒，然後快速地離開了。

在圍觀者中有雙眼睛一直默默注視著青年，那是先前主考官中的其中一位，隨即將青年帶回學院，並錄取了他。

這位青年叫比爾・撒丁，後來成為挪威小有名氣的音樂家。他的代表作品是〈挺起你的胸膛〉。

有句話說：「人生是不斷『試鏡』的過程。」

想爭取一個工作、機會時，無可避免地必須面對主選官的評估、選擇。也許，你能力很好、也很優秀，可是卻落選了。這並不代表你不夠好，也許只是你不「適合」這個角色。

筆者在求職的過程中，就碰過一位面試官這樣告訴我：「雖然你的條件都符合我們的要求，但是我個人認爲，你應該在更有發展性的地方工作。」

不管是不是善意的謊言，筆者受挫之後換了工作的方向，最後也找到適合自己發展的道路。現在想想，仍很感激面試官當年那一句話，否則現在的自己還在當個小小的店員。

比爾·撒丁雖然在「面試」的過程中被拒絕了，但他不因此失意、一蹶不振，反而更「挺起胸膛」，爲下一步做準備。

因此，面對無賴無禮的挑釁時，他並沒有動怒或喪志，因爲他有自己的尊嚴和目標。因爲這樣的精神，主考官才重新看待他，給他一個機會。或許他的琴藝，

還無法讓主考官認同，但是他的精神，卻讓人賞識。

如果你不相信自己，別人更加不會相信你。一個不因「面試」失敗就放棄，隨時準備面對下次考驗的人，人生總有開花結果的時候。

倚靠自己最了不起

一個人無論碰到多大的災難，只要他能為自己努力、打氣，還能獨立自主，不斷為人生奮鬥，就是最了不起的。

法國作家莫洛亞說：「充滿自信的人多麼令人身心舒爽！即使是最平常的言行舉止，也會放射出明亮的光芒。」

有著自卑情結的人總是看不到自己獨特的價值，習慣低估自己、否定自己。

別讓自卑心理害了自己，只要充滿自信，不再畏縮怯懦，就能克服害羞、不安、內疚、憂鬱、失望、徬徨、焦躁、迷惘、盲從……等負面情緒，激發意想不到的潛能，活出最亮麗的自己。

約翰．湯姆森雖然沒有做出什麼驚天動地的事業，卻成為現代美國人心目中最重要的青少年楷模之一。

十八歲的約翰．湯姆森是一位美國高中生，住在北達科他州一個農場裡，唯一的鄰居住在好幾公里外。

一九九二年一月十一日，在一個寒冷的冬日，他獨自在農場中的工作房裡幹活。正當他在操作機器時，不慎在冰滑的地面上滑倒了，他的衣袖被絞進機器裡，兩隻手臂瞬間被機器切斷。

湯姆森忍著劇痛跑了四百公尺，才跑到屋子前。血流滿地、體力不支的他用牙齒打開門栓後便倒在地上。

他用盡力氣爬到電話旁邊，但是因為失去雙手，無法撥打電話號碼，便用嘴咬住一枝鉛筆，一下一下地撥號，終於撥通他表哥的電話，表哥馬上通知附近的醫院前去幫忙。

當救護人員趕到時，他的意識已經模糊，可是在他被抬上擔架時，竟冷靜地冒出一句話，告訴護理人員：「不要忘了把我的手臂帶著。」

明尼阿波利斯州的一所醫院，為湯姆森進行斷肢再植的緊急手術。他在醫院住了一個半月後，回到北達科他州的家中。如今，他已經能微微抬起手臂，並回到學校上課了，他的家人和朋友都為他感到自豪。

或許你會感到疑惑，並沒有做出什麼驚天動地事蹟來的約翰，何以獲得那麼多美國人的喜歡呢？

答案眾說紛紜，有崇拜者說：

「他好聰明喔！不僅想到能用牙齒開門，還會用鉛筆打電話。」

「他喜歡工作，我們喜歡勤勞的人。」

甚至有人說：「他身體真強壯，一定努力鍛練過，不然早就沒命了。」

後來，有一個學者統整並分析各式各樣說法後，做出一個結論：「人們佩服的，除了他的勇氣和忍耐力外，還有一種獨立的精神。他能獨自一人在離住家幾百公尺外的工作室裡操作機器；出了事，又能自救，所以值得崇拜。」

前一陣子，桃園有個賣檳榔的男老闆，因爲誤觸高壓電，雙手和左腳被截肢，只剩右腳是眞的。

他的雙手和虎克船長一樣，裝上鐵鉤，客人來買檳榔時，他用雙鉤送出檳榔。他的動作迅速敏捷，加上爽朗的笑容和熱情態度，吸引了不少客人，業績還打敗隔壁的檳榔西施。

有記者問客人爲何捨棄穿著清涼的檳榔西施，選擇買男老闆的檳榔，是因爲「可憐」他嗎？

得到的答案完全相反。客人一點也不「可憐」老闆，反而還很敬佩他，認爲他是一個「厲害」的傢伙。

人生的旅程不會永遠是平坦的康莊大道，也會有陡峭的山路和拖陷的泥沼，越是失意越要勉勵自己更加努力。

一個人無論碰到多大的災難，只要他能爲自己努力、打氣，還能獨立自主，不把自己看爲一個「身殘」者，不斷爲人生奮鬥，就是最了不起的，必能獲得大家的認同和尊敬。

誇下海口，小心付出更多

通常不經過思慮就誇下海口的人，往往有「譁眾取寵」的心態，希望大家的目光都集中在自己身上，在團體中突顯自己。

一七九七年三月，法蘭西總統拿破崙在盧森堡第一國立小學演講時，瀟灑地把一束價值三路易的玫瑰花送給該校的校長，並且說了這樣一番話：「為了答謝貴校對我，尤其是對我夫人約瑟芬的盛情款待，我不僅今天呈獻上一束玫瑰花，在未來的日子裡，只要法蘭西存在的一天，每年的今天我都將派人送貴校一束價值相等的玫瑰花，作為法蘭西與盧森堡友誼的象徵。」

從此，盧森堡這個小國就對這「歐洲巨人」與盧森堡孩子親切、和諧相處的一刻「念念不忘，並載入史冊」。

後來，拿破崙窮於應付連綿的戰爭和此起彼伏的政治事件，最後因失敗而被流放到聖赫勒那島，自然也把對盧森堡的承諾忘得一乾二淨。

出人意料之外的是，一九八四年底，盧森堡竟舊事重提，向法國政府提出這個「儲送玫瑰花」的諾言，並且索賠。他們要求法國政府：一、要從一七九八年起，用三路易作為一束玫瑰花的本金，以五釐複利計息全部清償；二、要在法國各大報刊上公開承認拿破崙是個言而無信的小人。

法國政府當然不想破壞拿破崙的聲譽，但計算出來的數字讓他們愣住了。原本每年三路易的許諾，累積到後來本息已高達一百三十七萬五千五百九十六法郎。最後，法國政府召集智囊團苦思之下，才找到一個使盧森堡滿意的答覆：「以後無論在精神上還是在物質上，法國將不間斷地對盧森堡大公國的中小學教育予以支持與贊助，兌現拿破崙將軍那一諾千金的玫瑰花信誓。」

有種人總在興致高昂的時候，開出「支票」，事後卻忘得一乾二淨，或者不

認帳。通常這種不經過思慮就誇下海口的人，往往有「譁眾取寵」的心態，希望大家的目光都集中在自己身上，在團體中突顯自己。

久而久之，人們了解這種人的習性後，對於他所說出的承諾，不再當一回事，看作笑話一場。這樣的結果還算差強人意，最糟的是，當對方要求「支票」兌現時，苦的就是亂開支票者的家人、親友了。

曾認識某個長輩，屬於這種愛亂開支票的類型，當他在團體中說得興高采烈，一副老大哥的模樣時，他的妻小在旁可是滿臉「苦笑」。因爲他說出的每一句承諾，到最後都是妻子、兒女疲於奔命來承擔。

也許拿破崙至死也沒想到，自己不過是一時「即興」的言辭，會給法蘭西帶來這樣的尷尬吧。

老一輩的人常說：「飯可以多吃，話不可以亂講。」是爲了警惕人們禍出口出的道理。在這裡還可以再加上一句：「支票不要亂開！」否則你將信用破產，連累身旁無辜的人。

能坦然面對，就多一分機會

人生或多或少會碰上不愉快的事，既然事情一定會發生，也必定會過去。坦然去面對眼前的狀況，也就多一分生存的機會。

一天晚上，馴獸師像往常一樣演出。在眾人矚目之下，他帶著幾隻老虎進入鐵柵欄裡，然後將門鎖上。

觀眾緊張地注視著在鎂光燈下的馴獸師，等著看他如何瀟灑地揮舞鞭子、發號施令，讓兇猛的老虎服服貼貼地做出各種雜耍動作。

演出越來越精采，觀眾的情緒也漸漸被推向高潮。可是就在此時，糟糕的事情發生了，現場突然停電！馴獸師被迫待在伸手不見五指的鐵柵欄裡，與兇猛的

老虎為伍。

黑暗中，雙眼放光的孟加拉虎近在咫尺，而他卻看不到牠們，只有一根鞭子和一把小椅子可作防身之用。在長達近一分鐘的時間裡，觀眾的心情忐忑不安，都為籠子裡的馴獸師擔憂。

眾人議論紛紛，猜測燈亮後會出現什麼樣的場景呢？

一、黑暗中傳來嘶吼和哀嚎聲，馴獸師就這樣被老虎咬死。

二、馴獸師幸運地找到出口，逃過一劫。

三、馴獸師在逃跑途中，不小心讓這幾隻老虎跑出柵欄，造成觀眾死傷，現場陷入一片混亂。

四、什麼都沒發生。

答案是什麼事都沒發生，燈亮了以後，大家驚喜地發現馴獸師安然無恙，與老虎完美地結束整場表演。

在後來的採訪中，記者問他，當時是否會害怕老虎朝他撲過來。馴獸師說，一開始自己確實感到毛骨悚然，但是馬上就鎮靜下來，因為他意識到一個非常重要的事實：雖然他看不見老虎，但是老虎並不知道這一點。

所以，他只需要像往常一樣，不時地揮動鞭子、吆喝，就當什麼事也沒發生一樣，不讓老虎察覺到自己看不到牠們。

「就當什麼事也沒發生一樣」，雖然是簡單的一句話，做起來並不容易！如果馴獸師被停電的意外嚇呆了，沒有做到「就當什麼事也沒發生一樣」，等待他的又將是怎麼樣的命運呢？

在生死關頭，要一個人「就當什麼事也沒發生一樣」，是很難的一件事。但事實都已發生，不如冷靜地面對，想想還有什麼可以做。

某架班機遇上亂流，情況非常緊急，所有的人都認為自己必死無疑，哭泣、恐懼、哀嚎聲充滿整個機艙，只有一個老先生冷靜地對大家說：「現在，還是請大家把身分證放進內衣裡吧！」

在大家一片愕然下，他才解釋道：「這樣，萬一發生了什麼事，人家才認得

出你是誰，家人才找得到你。」

還好，最後飛機平安降落了。

《伊索寓言》中有一句話：「人們的災禍，常成為他們的學問。」人生或多或少都會碰上不愉快的事，甚至在心裡留下疤痕的傷口，但是換個角度想，既然事情一定會發生，也必定會過去，唯有「當什麼事也沒發生」，才能讓人感到慰藉。

這樣說並不是要人逃避現實，只是讓人更坦然去面對眼前的狀況。多一分坦然，就能多一分冷靜思考的能力，當然也就多一分生存的機會。

了解自己，就不怕失意

每個人都該為自己的人生盡一切努力。我們可以用他人的作為當做自己的借鏡，卻不用隨波逐流，不知道自己要的是什麼。

詩人但丁說過一句格言：「走你的路，讓人們去說吧。」

在我們的人生旅程中，不管對從事的工作是否感興趣，每個人都有一套自己的原則和理念。

隨著時間流逝，周遭環境的改變，原本的堅持也很容易隨波逐流，走離了原來的方向，至於那些堅守理念的人，卻被人視爲傻子，不懂得變通。

這兩種人，可能都終身不得志，或者有意外的豐收。可是，一個沒有自我方

向的人，只會成爲沒有「特色」的普通人。

約翰．皮爾彭特從耶魯大學畢業時，遵照祖父的願望，選擇教師作為自己的職業。這個看起來美好、充滿希望的工作，卻在皮爾彭特對學生愛心有餘而嚴厲不足的情況下，為當時保守的教育界所不容，很快結束了教師的生涯。

但他並不在意，依然對人生信心十足。

不久，他當了律師，打算將全部的心力投入維護法律的公正，卻似乎一點也不懂當時法律界的不成文規定：「誰有錢就為誰服務」。

他會因為當事人是壞人而推掉找上門來的生意，如果是好人受到不公正對待，他又不計報酬地為其奔忙。

很快地，這樣一個公正不阿的人，在法律界又沒了容身之處，皮爾彭特只好離去，成了一位紡織品推銷商。

然而，他好像仍舊沒有從過去的挫折中吸取教訓，看不到競爭的殘酷，在談判中總是讓對手大獲其利，自己只有吃虧的份。

於是，他只好再改行當了牧師。可是，又因為支持禁酒令和反對奴隸制而得罪了教區信徒，被迫辭職。

一八八六年，皮爾彭特去世了。在他這個看似「一事無成」一生的背後，卻成就了一首世界民謠。

「衝破大風雪，我們坐在雪橇上，快速奔馳過田野，我們歡笑又唱歌，馬兒鈴兒響叮噹，令人心情多歡暢叮叮噹，叮叮噹，鈴兒響叮噹……」

每年冬天，在世界各個角落響起這首聖誕節裡不可缺少的〈鈴兒響叮噹〉，是皮爾彭特在一個聖誕前夕，替鄰居的孩子們寫的歌曲。

歌詞中沒有耶穌，沒有聖誕老人，有的只是風雪瀰漫的冬夜，穿越寒風雪橇上的清脆鈴鐺聲，一路歡笑歌唱，不畏風雪的美好心靈。

生平未受重視的畢卡索，他的成就是眾人有目共睹。若當時的他因不被接受的畫風而放棄畫畫，就沒有今天對整個藝術界的巨大震撼。二十世紀的藝術家，幾乎都受過他的影響。

皮爾彭特可能沒想過，他這首〈鈴兒響叮噹〉的偶然之作，造成後世極大的迴響，這也和他一生的遭遇，形成強烈的對比。

雖然他在從事的每個行業中都被人格不如自己的人用「小手段」擊敗，卻不代表他追求美好的理念沒有價值。

至今，他的歌曲仍深植在人們的心靈深處，不正是個有力的說明嗎？

每個人都該爲自己的人生盡一切努力、負起全責。失意的時候，我們可以用他人的作爲當做自己的借鏡，卻不用隨波逐流，沒有確定的方向和目標，只依從環境、潮流而行動，不知道自己要的是什麼。

美好，總是在意料之外

美好的事情，往往都是努力之後，從意料之外的角度切入，用平常心努力，成功往往才會在你不注意的時候靠近！

很多人習慣輕率地把別人的成功，看成是偶然的機遇。其實，偶然是事物的表面現象，懂得從偶然之中發掘出必然的因果，人才不會終日等待機遇降臨，徒然浪費寶貴的光陰。

在科學史上大名鼎鼎的荷蘭科學家萬·列文虎克，既沒有豐富的知識，也沒有顯赫的學歷，他之所以能獲得令世人矚目的成就，原因就在於他的敬業精神與

一生的執著。

最初，他只是一個普通的農民，沒有讀過什麼書，也沒有什麼特別的技藝，為了生計，他來到一個小鎮打工，並且找了一個倉庫管理員的工作。他每天的工作就是替工廠看門，而且在這個工作崗位上一待就待了六十年，從此再也沒有離開小鎮，也從來沒有換過工作。

由於這個工作性質比較輕鬆，休閒的時間比較多，萬．列文虎克選擇了費時費工的打磨鏡片作為自己的嗜好。

這個嗜好看似無聊，其中卻有許多奧妙，常常令他沈浸在細膩的手工裡，而且輕易地就消磨了一整天的時間。

幾年以後，他打磨鏡片的技術已經達到登峰造極的水準了，由於他的目的並不是為了賺錢，不必迎合大眾的需求，因此，他更有餘力去研究各式各樣的鏡片，而且，他磨出來的鏡片不只精細，放大倍數都要比別人的還高出許多。

在一個偶然的機會下，他把玩著自己磨製成的高倍數鏡片，無意間卻發現了一個在當時還不被世人所了解的微生物世界，於是，他把這個發現公諸於世，從此聲名大噪。

儘管只有初級中學的學歷，萬．列文虎克卻被授予巴黎科學院院士的頭銜，連荷蘭女皇都親自去拜會他。

萬．列文虎克認為自己只不過是從生活中注意到一些平淡無奇的細節而已，根本沒想到會因此踏進浩瀚的科學世界，所以他認為真正的發明家不是自己，而是「偶然」，他只是發現了大自然所創造出來的奧秘而已。

或許有人會認爲，萬．列文虎克從一個倉庫管理員，一躍成爲名留青史的科學家，這種「偶然」實在太令人眼紅了，因爲許多人一生兢兢業業，卻不見得有這樣的好運氣，只有那些坐享成功果實的人，才會說出「一分耕耘，一分收穫」這種風涼話。

如果這種論調成立的話，那麼，我們辛苦工作究竟爲了什麼？難道只是爲了等待一次「偶然」的機會嗎？

如果你每天夢想著一步登天，那麼，與其大做白日夢，還不如去買張彩券，

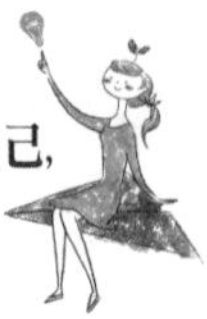

或然率恐怕會高些。

偶然，其實是另一種形式的必然。美好的事情，往往都是努力之後，從意料之外的角度切入，你不去引領期盼，人生反而分外美好；用平常心努力，成功往往才會在你不注意的時候靠近！

真正有內涵，就不必擔心困難

真正有內涵、有實力的人，不必過於擔心一時的失意、不起眼，只要有信心、肯努力，必然有識才的人會認清你的本質。

古時候，有三個武士非常喜愛千里馬，也認為自己能識得千里馬。有一天，他們聽說後山的山坡上有一匹白馬，能日行千里，是一匹很好的千里馬，便飛快趕到後山去。

第一個武士最先到達山坡上，看到了正在吃草的白馬，心裡大喜，正想上前補抓時，突然發現馬背上長了一個瘡，並流著膿血，他露出厭惡的表情，心裡想著：「千里馬怎麼會生瘡呢？這只是一匹普通的馬，我才不要呢！」想到這裡，

便打道回府。

過了不久，第二個武士來到馬前，也發現馬背上的瘡，心想：「就算是千里馬也會生病，這點兒瘡算什麼，敷個草藥就好了。」

於是，他一抬腿就騎到馬背上，打算就這樣把馬帶回家。馬背上的瘡被武士一碰，疼得前腿跳起，一下子就把武士摔在地上。武士花了好長的時間才從地上爬起來，然後一瘸一拐忿忿地離開了。

第三個武士也到了，發現膿瘡後，心想：「我要用最快的刀，把爛瘡割掉，用最好的草藥敷在傷口，讓牠以最快的速度好起來。」

他把馬牽走，帶下山去好好治療，最後擁有了千里馬。

一場精采的魔術表演，常會搭配華麗舞台、絢爛的燈光、美麗的助手。這是因爲，人們往往容易被表象迷惑，而忽視一些小手段。

在這個包裝精美的社會裡，要看透一個人、一件事物的本質，除了本身的知識外，更要有一顆仁慈的心。

第三個武士之所以能得到千里馬，是因爲他能看透不起眼、生了爛瘡的馬兒外表下的內在本質，並且不急於驗證千里馬的能力，先用耐心和愛心來治療馬的傷口。相信其他兩位武士也擁有一定水準的「識馬」能力，只是過於急功近利，無法讓心靜下來仔細觀察這匹馬。

《列子．說符篇》中談到春秋時期，秦穆公擔心年紀漸大的伯樂後傳無人，沒人可以幫他找千里馬，便要伯樂推舉一個適合的人。

伯樂向秦穆公推薦了替自己挑薪綑材的一位工人——九方皋，秦穆公於是派九方皋去尋找千里馬。

三個月後，九方皋回覆秦穆公已經找到千里馬了，就在沙丘上。秦穆公焦急地問：「是匹怎樣的馬？」

九方皋呵呵笑著：「是匹雌性黃馬。」

秦穆公馬上派人將那匹馬帶過來，結果卻發現牽來的是一匹雄性黑馬，馬上勃然大怒，召來伯樂問道：「你推薦的這個人，連馬的性別和顏色都分不清楚，

怎麼有辦法找出千里馬！」

伯樂一聽，反而大笑，隨後讚嘆說：「九方皋識馬的能力眞是高妙啊！連我都自嘆弗如。」

伯樂見秦穆公不解，慢慢解釋給他聽。原來，相馬的精妙之處，就在於觀看精隨，因而易忽略性別、毛色等外在形象。九方皋看到的，只有這匹馬的內在精隨。後來經過驗證，這匹馬果然是一匹不可多得的千里馬。

以貌取人，容易忽略內在眞正的本質。許多美好的事物，不一定有美麗的外表，唯有看透外表下的「內在」，才能顯現最眞的本質。

同樣的，眞正有內涵、有實力的人，也不必過於擔心一時的失意、不起眼，只要有信心、肯努力，必然有識才的人會看透表象，認清你的本質，使你的能力得以充分展現。

自怨自艾只會讓自己更不愉快

有「對方會陷害自己」念頭的人，容易把自己想成一個受害者而自怨自艾，這樣的想法，只是人們逃避現實的方法。

蘇格蘭的南部長達二十年沒下雪了，卻突然在一個夜晚下起了大雪。克蘭塞先生很想去滑雪，又苦於沒有雪橇。

他的妻子見狀，便對他說：「你的朋友米立不是有雪橇嗎？我相信他一定會借給你的。」

「真是好主意！」克蘭塞說完就去找他的好朋友米立。

路上很冷，克蘭塞走到一半就轉進一家酒吧喝酒暖身。當他從酒吧走出來後，心裡突然冒出一個想法：「我希望米立能把雪橇借給我，不過他可能會擔心我弄壞他的雪橇而猶豫是否要借我。」

走著走著，心裡又想：「要是他自己不用，又捨不得借給我，那他豈不是太不夠朋友了嗎？」

想到這裡，克蘭塞心裡開始有點悶，就像已經被米立拒絕了一樣。於是他又走進另一間酒吧，點了一杯酒來解悶。

等他再次走出來的時候，又對自己說：「要是那個傢伙真的不肯借給我，我一輩子不跟他說話了。」

當克蘭塞走到米立家時，已經是深夜，米立早就熄燈休息了。

看到屋內一片漆黑，借不到雪橇，克蘭塞心裡氣急了，便從地上拾起一塊石子，把玻璃窗打得粉碎。

不一會兒，米立穿著睡衣，出現在被打破的窗口上，向街上憤怒地叫喊：「是誰把我的窗戶打碎了？」

「是我，混蛋！」克蘭塞舉著拳頭向米立揮舞著：「你留著你的雪橇吧，等

著老子我把它打個稀爛！」

你是否有碰過這樣的經驗，對方向你提及某事，在第一時間你還在考慮，沒有給予熱烈回應時，對方開始劈哩啪啦地替你回答，甚至反過來指責你不夠眞誠、不夠意思？

或許他是爲了逼你趕快做出決定，還有一種人是「想太多」的類型，若是無法馬上得到肯定答案，就會產生被否定、背叛，甚至被陷害的想法。

這樣的人通常有「自卑變自大」的通病，因爲信心不足，讓他產生「自滿」的情緒來保護自己。因爲過於看重自己，認爲別人會多「注意」他一點，以致於對他做出「不好的舉動」。

殊不知，對大多數的人來說，沒有人會故意陷害別人。

就算你的生活上碰到不如意的事，也不是對方故意陷害你的，他只不過是在「做自己該做的事情」。

有「對方會陷害自己」念頭的人，容易把自己想成一個受害者、被犧牲的角色，而自怨自艾、憤世嫉俗。

眞的有人要陷害自己嗎？

會有這樣的想法，只是人們逃避現實的方法。覺得自己的不如意都是被陷害的，才能將所有的問題變成「別人的錯」。

這類「被害妄想症」只會讓自己陷入不快樂的情緒之中，必須快點停止，才能從種種不愉快中再站起來。

4.

PART

只要繼續努力，下次就會勝利

世上沒有失敗，只有暫時停止成功。

只要努力過，就不算失敗，

下一次，又是一個全新的開始。

改變心態，才能避免失敗

唯有改變自己的心態，找回自信心，才能避免失敗，順利度過人生的低潮期，之後也才有機會展開雙臂，迎接成功到來。

有個叫西格的女人，接連生了三個孩子之後，就一直覺得煩躁不安。她的生活被孩子們制住了，四歲的孩子整日玩鬧，十九個月大的孩子整夜哭叫，還有一個嬰兒需要不斷地餵奶、換尿布。

長期下來，西格的精神簡直要崩潰了，長期的睡眠不足，使她無法以正常的心態看待周圍的世界，也無法正常地看待自己。她甚至懷疑自己天生就「無能」，連幾個孩子都照顧不好，以後還能做什麼？

這時候，她的友人海倫從另外一個城市託人為她帶來一份禮物。她打開一看，是一個裝飾得很漂亮的陶瓷容器，上面還貼著一個標籤，寫著：「西格的自信罐，需要時用。」

罐子裡面裝著幾十個用淺藍色紙條捲成的小紙捲，每個小紙捲上都寫著海倫送給西格的一句話。

西格迫不及待地一個個打開，上面分別寫著：

上帝微笑著送給我一件寶貴的禮物，她的名字叫「西格」

我珍惜妳的友誼，我欣賞妳的執著

我希望住在離妳的廚房只有一百英尺遠的地方

妳很好客，妳有寬廣的胸懷

妳是我希望一起在一家百貨公司逛上一整天的那個人

妳做什麼事都那麼地仔細，那麼地任勞任怨

我真的相信妳能做好任何妳想做的事情

標籤的背後，海倫還寫了一段話：

我給妳兩點建議：第一，當妳完成一件自己想做的事情，或者得到別人的稱讚和肯定的時候，就寫一張小紙條放在這個罐子裡。

第二，當妳遇到困難和挫折，或者是心灰意冷的時候，就從這個小罐子裡拿出幾張紙條來看看。

讀到這裡，西格的眼眶不禁濕了。她深深地感覺到，自己正被別人愛著、被別人關心著，目前所遇到的困難只是暫時的，自己還是很棒的。

從那以後，西格把這個「自信罐」擺在最醒目的地方，只要遇到壓力和困難，就拿起裡面的紙條鼓勵自己。

十五年後，西格當了一所幼稚園的園長，很多家長都願意把孩子送到她那裡，因為她的自信激發了孩子們的信心。從這所幼稚園走出去的孩子，每個人也都有一個「自信罐」。

「我好累喔！」有沒有印象，當你喊出這句話時，往往被家中長輩責怪：「年輕人喊什麼累？」

或者，當別人說出這句話，你會覺得自己才是眞正該喊累的人呢！

現代人習慣享受高科技的方便，卻也帶來一堆文明病，疲倦感不再是年長者的專利，年輕人甚至有過之而不及。

這種累，有些是身體上的無力，有些則是心理上的疲倦，前者只要適度的休息後就能改善，後者卻必須由心理開始長期復健。很糟糕的是，大部分人的疲倦是兩者都有。

在一場座談會中，某個婦女分享自己的經歷。她是個家庭主婦，四十幾歲那年發現自己得了肺癌，而且已經嚴重到不能開刀，只能進行化療，她的病況並沒有因為化療而改善，反而愈來愈嚴重。

不敢讓家人知道的她，一直到生病的婆婆要到家中休養時，才正視到自己有多麼害怕「媳婦」這個身分。她一直擔心自己做不好，又不敢對別人訴苦，長期下來，她的病情又更嚴重了。

於是，她決定改變生活態度，從事喜歡的活動，過一個擁有「自己」的生活。

在最後的檢驗報告中，她的癌細胞居然消失了。

照顧三個孩子的西格會疲倦是正常的，但是對自己造成的最大的傷害是，她失去了自信心，認爲自己是個不及格的母親。如果你的身邊有這樣的人，或者你就是這樣的人，請多多給他和自己鼓勵。

心理的「疲憊」是自己創造出來的，別讓它影響到身體的健康。唯有改變自己的心態，找回自信心，才能避免失敗，順利度過人生的低潮期，之後也才有機會展開雙臂，迎接成功到來。

珍惜時間，才能奪得機先

珍惜你度過的每一天，不要讓自己渾渾噩噩、匆匆忙忙過日子。確確實實地生活，才能早先一步得到成功。

但丁說：「一個人愈知道時間的價值，愈感覺失去時間的痛苦！」

我們都知道，時間一旦流逝就不會回來，就像人死後一切都會成空。就因爲這樣，我們更該珍惜生活，不僅是自己的，還包括別人的。

漢弗萊就讀小學時，最疼愛他的外祖母過世了。漢弗萊無法接受這個事實，傷痛的感覺讓他每天在學校操場上一圈又一圈地跑著，直到累倒在地上，才趴在草坪上痛哭。

那哀慟的日子，持續了很久，爸爸媽媽不知道該如何安慰他。他們知道與其騙他說外祖母睡著了，還不如說實話：外祖母永遠不會回來了。

「什麼是永遠不會回來呢？」漢弗萊問道。

「所有從時間裡消失的事物，都永遠不會回來。你的昨天過去，它就永遠變成昨天，你不能再回到昨天，就像爸爸再也回不到你這麼小的年紀一樣。有一天你會長大，你會變得像外祖母一樣老，將來你度過了你的時間，就永遠不能回來了。」爸爸說。

之後，漢弗萊每天放學回家，就在院子裡看著夕陽一寸一寸地沉入地平線以下，就知道一天又過完了。他很明白，雖然明天還會有新的太陽，但永遠不會有今天的太陽。

看到時間過得那麼飛快，漢弗萊幼小的心裡不只著急，還有悲傷。有一天，他放學回家，看到太陽快下山，下定決心：「我要比太陽更快回家。」

於是他開始狂奔，當他站在院子前喘氣時，看到太陽還露著半邊臉，高興地跳躍起來，那一天他覺得自己跑贏了太陽。

後來，他時常做那樣的遊戲，有時和太陽賽跑，有時和西北風比快，有時一個暑假才能完成的作業，他十天就做完了。那時他才三年級，就常常把五年級的習題拿出來寫。

後來的二十年裡，他因為「比太陽更快回家」的信念而受益無窮，雖然他知道人永遠跑不過時間，但是人可以比自己原有的時間快一步。

雖然每個人一天都有二十四小時，但每個人擁有的時間並非以二十四小時計算。因爲某些因素，人眞正能支配的時間少之又少。

珍惜時間，就是對自己和別人最好的關懷！

當我們知道「時間」的可貴，就更該重視如何使用。「守時」、「有效率解決問題」，都能讓我們的人際關係向前邁進一步，因爲懂得珍惜自己和別人的時間，別人自然能感受到我們的用心。

就像漢弗萊所領悟的：「如果跑得快，有時可以快好幾步。那幾步雖然很小很小，可是用途卻很大很大。」

時間雖然不像股市，幾秒之間就讓你看到顯著的結果。但對於人生來說，幾秒鐘的差距，卻可能是生與死的差別。

珍惜時間，就是珍惜生命，珍惜你度過的每一天，不要讓自己渾渾噩噩過日子、匆匆忙忙過日子。

確確實實地生活，才能早先一步得到成功。

不過度期待，才能面對失敗

在期待的過程中，加入一點平常心，如此一來，當事情不如自己預期般發展時，可以更從容且平和地接受。

當我們興高采烈規劃一個活動，對方卻表現得「沒興趣」時，會有一種受打擊的感覺。這是因爲我們對別人有過度的期待，認爲對方應該同自己一般，快樂地接受。

然而，換個角度想，爲什麼對方就該按照我們的規則來做呢？

期待的心情，是爲了讓生活多一點夢想和希望，而不是受氣。因此，我們要將「期待」放在對的位置，將期待的力量轉化爲更努力實踐夢想的行動力。

為了買一顆菠蘿，厄爾凱尼和妻子整整計劃了兩個星期。每天路過水果攤，他們總要駐足好一會兒，滿懷期盼地望著擺在櫥窗內的菠羅，直到厄爾凱尼生日的那天中午，他們才問了價錢。

「二百七十五法郎，」賣水果的說：「這是頭等菠蘿，新鮮、汁多。」

妻子一聽就嫌貴，但厄爾凱尼並不這樣想，他認為比起西瓜，它當然貴，但比起別的菠蘿則不算貴。於是他們買下它，小心翼翼地帶回家，放在茶几上好好地端詳了一番。

夫妻倆圍著它走了一圈，摸它、聞它，不住地誇獎它：「多麼精緻，多麼富有異國情調的小東西！頂上長了一撮小小的，像是棕櫚樹的植物，要是給它澆點水，或是放在水盆裡，說不定還會開花呢！」

買菠羅這件事很快在他們居住的老公寓裡傳了開來。從未謀面的清潔女工特地來建議他們，削掉皮、撒上糖，放個一兩天再吃，會更加美味。

「別聽她瞎說，」樓梯口一個英國女學生聽到了這段話，告訴厄爾凱尼：「要

泡上甜酒才好吃。」

一位只有點頭之交的匈牙利鄰居則寫了一張條子塞在門縫中，留言道：「誰的話都別信！其實，菠蘿要厚厚地削掉一層皮，因為皮不好吃。至於肉，想怎麼吃就怎麼吃。」

到了晚上，厄爾凱尼和妻子聽到的建議已經不下數十種，最後他們決定把菠蘿去了皮，直接吃掉。

夫妻倆抱著興奮、期待的心情咬下第一口，孰料過了幾秒，原本雀躍的表情瞬間垮了下來。

這水果什麼味道也沒有，要說像瓜，也不如瓜，他們生吃了幾口，決定撒點糖試試看，可是仍不滿意，只好喝了幾口甜酒搭配，才勉勉強強地吞了下去。

這一天，是厄爾凱尼度過最糟糕的一次生日。

菠蘿就是我們熟悉的「鳳梨」。

這篇故事也讓人想起動畫大師宮崎駿早期的一部作品〈回憶兒時的點點滴

滴〉，裡面所描述到的一段場景。

女主角妙子小學時要求爸爸買一顆鳳梨回來，這種在台灣常見的熱帶水果，在溫帶國家卻是稀少、昂貴的奢侈品。

當時他們連鳳梨該怎麼「食用」都不知道，妙子的大姊還特地向友人請教，全家人原本期待的心情，在鳳梨入口之後，卻轉爲大失所望。只剩心情複雜的妙子，一口一口把剩下的鳳梨勉強解決掉。

期待的心情是生活精采的一部分。可是期待的心情，卻常常造成糟糕的情緒。這樣說，並非要人們不抱期待、沒有希望，只是在期待的過程中，更該加入一點平常心。如此一來，當事情不如自己預期般發展時，便可以更從容且平和地接受，甚至以快樂的心情面對。

用有限的能力創造無限的可能

「創造可能」並非只是空談，運用自己的直覺、判斷、分析及統合等能力製造可能，如此才能讓可能成真。

過去有一部熱門的影集〈馬蓋仙〉，令人印象深刻。每當馬蓋仙遇到緊急情況時，總能利用手邊有限的材料製造出他所需要的東西。這些材料可能是地上的泥土、棒球上綁著的線、嘴巴吃到一半的口香糖……機智和創造力讓他度過一次又一次的危機。

馬蓋仙之所以能讓許多人爲之瘋狂，直到現在還讓人念念不忘，就是因爲他從有限的條件中創造出無限的可能。

有一個很愛攀岩的女孩，喜歡挑戰自己的極限，無畏大自然的無法預測。

某一個冬天的下午，她獨自攀上一個高達三十米的懸崖。當她踏上頂端，解下繫在腰間的繩子，打算先收起來等一下要下去時再用，結果一個不留神，繩子卻順著山崖滑了下去。

眨眼之間，繩子已經掉到地面上了。女孩急得滿頭大汗，因為沒有多餘的裝備可以使用，也沒有求生的工具。

「難道我只能死在這裡嗎？」女孩正這麼想時，突然看到懸崖下有一個牧童，趕緊脫下身上的紅色外套用力揮動，大聲呼救著。

隔了一段時間，牧童發現紅色的影子，跑了過來。他看到地上的繩子，又向上看了看，然後無奈地搖了搖頭。

懸崖太高，根本沒辦法把繩子扔上去！但是，眼看天色快要暗了，再不想辦法，女孩會凍死在懸崖上的。

此時，牧童也急得手足無措。

突然女孩靈機一動，她對牧童喊道：「別著急，我有辦法！」並揮揮手要牧童在下面等她。

只見女孩剪下一縷頭髮，一根一根地繫在一起，結成一根幾十米長的細繩，再從懸崖上垂下去。

牧童看見了，把地上的那根繩子拆成一縷一縷的細繩，繫在頭髮上。輕輕一用力，女孩就把這根細繩拉上了山崖。

之後，牧童才把較粗的繩子繫在細繩的一端。就這樣，女孩終於把那根粗繩拉了上來。她把這根粗繩綁在山崖上固定好，順著它，從懸崖上滑了下來，終於成功脫離險境。

或許你會覺得這個故事很誇張，纖細的頭髮竟然可以綁成幾十米長的細繩，還能把繩子從懸崖下吊上來。

事實上，這個故事說明了，我們所擁有的的確有限，但是利用有限的條件可以創造出來的奇蹟卻是無限的。

「創造可能」並非只是空談，在這個過程裡，我們必須保持冷靜，運用自己的直覺、判斷、分析及統合等能力製造可能，如此才能讓可能成眞。

「成功」一詞或許對你來說還太遙遠，但是「創造可能」卻是你立即能做到的。想想看要怎麼做，才能讓自己處於可能成功的環境，怎麼做，才能多一點機會邁向成功。

當這些可能都具備，機會來臨時你就能緊緊抓住它。

只要繼續努力，下次就會勝利

世上沒有失敗，只有暫時停止成功。只要努力過，就不算失敗，下一次，又是一個全新的開始。

人生就像一個輪子，會轉到高處，也會轉到低處。

爲什麼高潮時我們會開懷大笑，低潮時我們卻咒罵、抱怨呢？只因爲我們無法接受現狀，在抗拒不了的情況下，選擇消極逃避。

美國有一位大學籃球教練帶領的球隊程度非常差，更因為連輸了十場比賽，球隊被學校廢除。但是，這位籃球教練，卻為隊員們帶來很大的影響，讓他們在往後的人生路上受益無窮。

一個球隊隊員多年後，回憶到最後一場球賽的情況。

當時，上半場才結束，球隊就落後了三十多分，大家都認為要起死回生的機會幾乎是微乎其微。中場休息時，每個球員都垂頭喪氣，教練問他們：「你們要放棄比賽嗎？」

雖然每個球員都說「不要」，可是臉上的表情都一副大局已定，打算投降的樣子。將一切看在眼裡的教練，又繼續問大家：「各位，假如今天是籃球之神麥可．喬丹在比賽上半場就落後三十分的情況下，喬丹會放棄嗎？」

球員道：「他不會放棄！」

教練又問：「假如今天是拳王阿里被打得鼻青臉腫，但鐘聲還沒有響起，比賽還沒有結束，他會不會選擇放棄？」

球員答道：「不會！」

接著，教練問了他們第三個問題：「那麼，米勒會不會放棄？」

這個問題沒有人回答，大家都疑惑地看來看去，有人舉手發問：「米勒是什麼人物，怎麼連聽都沒聽過？」

教練微笑道：「這個問題問得非常好，因為米勒在比賽的時候選擇了放棄，所以你們從來就沒有聽說過他的名字！」

「世上沒有失敗，只有暫時停止成功。」是籃球教練眞正想勉勵球員的。這並非說「失敗」不存在，而是我們如何看待這件事。我們聽過「慶功宴」，卻沒聽過「慶敗宴」，只有檢討會。其實，輸了、失敗了，才更要慶祝。

失敗的時候，要慶祝自己曾經參與、努力過，慶祝自己還有相當實力能讓對手頭痛，更慶祝這次失敗將是成功的開始。

也許有人會不以爲然地說，就算米勒沒放棄，也不一定會像麥可．喬丹一樣成功。是的，在籃球史上，米勒或許無法留名，可是在米勒自己的人生中，這一段將是輝煌的紀錄。

以前有部紀錄片〈奇蹟的夏天〉，充分表現出這種「暫時停止成功」的眞意。這部片記錄一群花蓮原住民孩子，國中三年來在足球隊的成長。在國三最後一場比賽裡，因爲失誤讓對方得分的孩子當場懊惱得抱頭哭泣。只見教練毫不留情地大吼：「球賽輸了嗎？快站起來！哭什麼哭？」

最後，他們還是在PK賽中輸了。頒獎之時，他們沒有微笑，甚至把掛在脖子上第二名的勳章取下，這時，教練卻一反三年來嚴厲的語氣，溫和地鼓勵他們，說他們表現得很好。

這個讓孩子又愛又恨的教練，想要傳達給孩子的只是一種單純的理念：「只要努力過，就不算失敗，下一次，又是一個全新的開始。」

肯定自己，從心開始

想找回自信和自我，便不能因為一時的挫折感而放棄一切，唯有靠自己主動解決問題，才能得到屬於自己成功。

幽默作家蕭伯納曾經這麼說：「充滿自信的人，可以化渺小為偉大，化平庸為神奇。」

人必須用正面的角度看待自己，朝自己的目標認眞努力，千萬別讓狹隘、消極的想法束縛。

當你願意肯定自己的時候，你就會發現，你其實沒有自己想的那麼差。只要你充滿自信，不再自卑，就能放下內心那些偏頗、怨艾，改寫自己的結局。

戴爾到鄉下為村民服務時，決心改善他們的生活方式。他的目標是讓每個人相信自己有自給自足的能力，並激勵他們實現自己的想法。

當地政府幫他召集二十五個靠社會福利金生活的窮人，戴爾和他們一一握手後，問他們的第一個問題是：「你們有什麼夢想？」

每個人都用怪異的眼神看著戴爾，好像他是外星人一樣。

「夢想？我們從來不做夢，做夢又不能讓我們發財。」其中一個紅鼻子寡婦如此回答道。

戴爾耐心地解釋道：「有夢想不是在做夢。你們肯定希望得到些什麼，希望什麼事情能突然實現，這就是夢想。」

紅鼻子寡婦說：「我不知道你說的夢想是什麼東西。我現在最想做的，就是趕走那些野獸，牠們總想闖進我家咬我的孩子。」

大家聽了都笑了起來。戴爾說：「喔，妳想過什麼辦法沒有？」

她回答說：「我想裝一扇牢固、可以防禦野獸闖入的新門，這樣我就可以安心出去工作了。」

戴爾問：「有誰會做防獸門嗎？」

人群中一個稍微禿頭的瘸腿男人說：「很多年以前我自己做過門，現在恐怕都不會了，不過我可以試試。」

接著，戴爾繼續問大家還有什麼夢想。

一位單親媽媽說：「我想去大學裡修課，可是沒有人照顧我的六個孩子。」

戴爾問：「有誰能照顧六個孩子？」

一位獨居老太太說：「我以前幫別人帶過不少孩子，我想，我也許能帶好那些可愛的小傢伙。」

戴爾給那個瘸腿男人一些錢去買材料和工具，然後就讓這些人解散了。

一星期之後，戴爾重新召集那些窮人，問那個紅鼻子寡婦：「妳家的防獸門裝好了嗎？」

紅鼻子寡婦高興地回答說：「我再也不用擔心我的孩子了，我有時間去實現我的夢想了。」

接著，戴爾問瘸腿男人感想如何。

他對戴爾說：「很多年前，我幫家裡做過防獸門，當時做得不太好，後來我就再也沒有做過了。這次，我想著一定要做好，結果真的做好了，許多人都說我很了不起，能做那麼結實漂亮的門。」

單親媽媽重新走入校園、獨居老太太生活多了重心、瘸腿男人開始靠自己的能力謀生、紅鼻子寡婦有收入來改善生活……

幫助別人不一定要給予金錢和物質上的幫助，從根本做起才是眞正解決問題的辦法。戴爾給予他們的，並不是金錢上的幫助、生活上的調配，而是心靈上的肯定。他讓這群覺得生活沒有夢想、希望，認爲自己沒用的人有機會重塑自我，建立新的生命。

長期靠救助金生活的他們，早已忘記自己是「有能力」的人，更在社會價值的眼光下，一點一滴磨失了自己的信心，更不用說對人生、對未來，還懷抱著夢想，還渴望著成功。

況且人都有惰性，長期接受救濟之下，沒了自信不說，甚至連惰性都會出現，讓人不想向上，過一天算一天。

先前甚至曾經有過接受社會幫助的民眾，嫌救濟金不夠多，還要社工局安排家教來輔導孩子的功課。這位誇張的父親，竟沒想過要怎麼去改善生活，只想靠救濟過日子。

當你覺得自己正陷入一種無力改善的困境時，必須深深思索你確定眞的沒辦法解決，還是覺得忍受現狀會比試圖改變它簡單呢？或者，你寧可接受大家的憐憫及關心呢？

想找回自信和自我，便不能因爲一時的挫折感而放棄一切，唯有從心開始，靠自己主動解決問題，才能得到屬於自己成功。

不要讓夢想變成空想

人擁有夢想是值得嘉許的，但是徒有夢想，沒有通往夢想的梯子，便會淪為好高騖遠，不切實際。

法國大文豪雨果在他的名著《悲慘世界》裡曾經寫道：「世間有一種比海洋更大的景象，那便是天空；還有一種比天空更大的景象，那便是人的內心活動。」

夢想來自人的內心活動，因此往往是遙不可及的，只有一步一步地加以實現，最後才不會淪爲空中樓閣。

美國汽車大王亨利·福特非常欣賞一個年輕人的才華，認為他是一個可造之材，擁有無限的潛能。

他找來了這位年輕人，想盡自己的力量幫助他更快取得事業的成功。於是，福特問這個年輕人對自己的人生有什麼目標。

這個年輕人的答案卻令福特大吃一驚，他堅定的說，他的人生目標就是要賺到一千億美元。

一千億無疑是個天文數字。初生之犢不畏虎，這個年輕人雖然不知道天高地厚，卻顯得十分有自信。

於是，福特繼續問他為什麼要替自己設定這樣的一個目標，年輕人思索了一下，他說：「沒有什麼原因，我認為只有這樣才能證明成功，才算是實現了我的人生價值。」

福特笑了笑，這個年輕人雖然有志氣，卻不切實際，徒有夢想卻沒有方向，需要一些時間的歷練，因而福特對他說：「你還是實際一點，重新考慮一下你的目標吧！」

往後的五年時間裡，福特都沒有再見過這個年輕人，一直到他聽說了這個年輕人想創辦一所大學，但是努力籌措之後還欠缺十萬美元資金，福特很高興他終於找到了奮鬥的方向，不再好高騖遠，因此慷慨解囊，幫助他實現了這個夢想。

他們彼此之間很有默契，都沒有再提起當年的那個一千億美元。

這個年輕人有了福特的幫助，再加上自己的努力不懈，把大學經營得十分成功，他以自己的名字為大學命名，這所學校就是美國十大名校之一的伊利諾斯大學。

人擁有夢想是值得嘉許的，但是徒有夢想，沒有通往夢想的梯子，便會淪爲好高騖遠、不切實際。

如果懂得腳踏實地，那麼就算夢想比天高，又有什麼不對呢？

正是因爲知道夢想實現的機率很小，所以才要做一個好大好大的夢，這樣一來，就算只實現了其中一部分，也算得上是一種成就。

努力會創造奇蹟，好好地描繪自己心中的夢想藍圖，正是因爲有了這麼遠大的夢想，我們才有實現其中一部分的可能。

先為自己準備救生圈吧！

人生在世就有如在泥濘、坎坷的道路上行走，只有意志堅定，懂得未雨綢繆的人，才能如願以償地走向幸福的彼岸。

人只有在全力以赴的努力奮鬥中，自身的潛能才會不斷被發掘，心中也才會建立起堅定的信心和意志。

升高中的那年暑假，天氣十分炎熱，於是某天小燕便和幾個同學相約去游泳池游泳。

在嬉鬧中，小燕突然失去了平衡，一股腦地往水裡沈。驚慌之下，小燕連忙伸手想要抓住池壁，但是她什麼也碰不到！她的四周除了水，還是水，完全沒有可以依靠的目標。

一陣手忙腳亂之後，小燕再次跌入水裡，她揮著雙手亂抓，伸長兩腳猛蹬，卻始終碰觸不到任何可以支撐的東西。

突然間，小燕的腦中浮起了「死亡」兩個字，她感受到前所未有的恐懼，彷彿有一股力量揪著她的心似的。於是，她試圖讓自己冷靜下來，不敢亂動，努力地讓自己往下沉，希望可以碰觸到池底。

好像過了一世紀一樣，努力一陣子之後，曉燕的腳下依然是空空蕩蕩的，她絕望地想著：「天哪！我該不會就這麼葬身在這個游泳池裡了吧！我還年輕，還有很多未完成的夢想啊！」

她不甘心！於是她告訴自己：「只有你可以救自己了，一定要往下沈，一定要成功！」

但是，不管她花了多大的力氣，水裡卻有更大的反作用力與她對抗，她的腳底下仍然是空空的。

缺氧使小燕不由自主地張開了嘴，一連灌了好幾口水之後，她感覺自己的肺就快要爆炸了，她連一秒鐘都憋不下去了，真的很想放棄，與其承受這樣的痛苦，她真想痛快的死了算了。

「不行！我怎麼能讓自己就這樣死去？」於是，小燕緊閉著嘴巴繼續堅持著，她在心裡默默鼓勵自己：「就只差一步了，我一定要堅持下去，再一步就好。」

這時，她的腳終於感覺到一些堅硬的東西，是池底！小燕喜出望外，忘掉了現在所有的痛苦，拼了命地再往下沉。

終於，她的雙腳平踩到池底，猛力一蹬，像隻海豚似地衝出水面，雙手緊抓住池邊，不停地喘著氣，呼吸著久違的空氣。

小燕從來沒有感覺這麼心滿意足過，不知不覺地，眼淚也嘩啦啦地跟著流了下來。呼吸平順了，眼淚也擦乾了，精疲力盡的她癱在池邊，環顧一下四周，沒有人注意她，也不會有人知道，她剛剛經歷了一場生與死的搏鬥。

每一個徘徊在生死邊緣的人都一定經歷過這種掙扎，嬰兒出生時要掙扎，人在死亡前也會掙扎；掙扎，其實是人的一種本能。

不過，到了盡頭時才曉得掙扎，起死回生的機率能有多少？與其讓自己有掙扎的機會，不如在下水之前，先幫自己準備好救生圈吧。

歌德曾說：「誰若是遊戲人生，他就一事無成；誰若不能主宰自己，永遠是個奴隸。」

人生在世就有如在泥濘、坎坷的道路上行走，只有意志堅定，懂得未雨綢繆的人，才能遇事沈著冷靜，如願以償地走向幸福的彼岸。

5.

PART

別讓環境削弱志氣

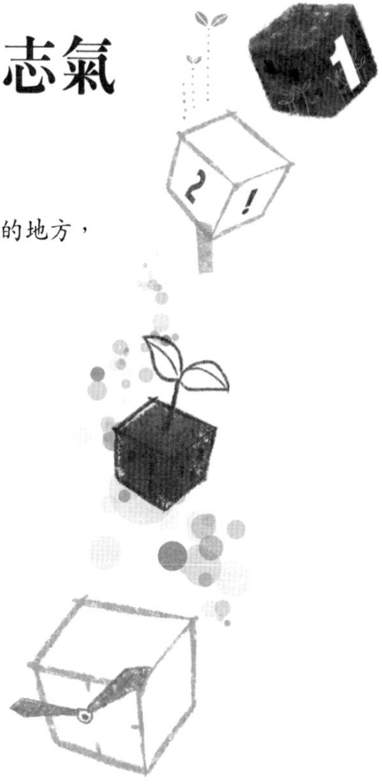

有競爭才會有進步，
投身到一個大家能力都不如自己的地方，
除非很有毅力，
懂得不斷充實自己，
否則很難前進。

只要態度積極，就有好運氣

所謂的「運氣」，取決於人們對生活的態度、對人生的積極與否，倒楣和幸運都能讓人成長，學習不同的東西。

有一群非常倒楣的人，組織了一個「倒楣者協會」，並且推舉一位公認最倒楣的人擔任會長。

「會員們，」倒楣會長發表就職演說道，「我們太倒楣了！可是那些幸運者為什麼那樣幸運呢？不行！我們一定要讓他們和我們一樣倒楣！」

「對！」會員們齊聲贊同。

會長建議：「讓我們合夥辦個『霉氣』公司吧。」

「是煤氣公司嗎？」一位會員疑惑問著。

「不，是『霉氣』。我們可以把霉氣管道悄悄地通到幸運者家裡……」

倒楣會員對此都很感興趣，一致通過這個提案。他們先用自己呵出的氣，把龐大的霉氣櫃灌得滿滿的，然後，選了一位幸運的女歌星做目標。很快地，神不知鬼不覺地，霉氣管道從地底下通到了女歌星家的衣櫥裡。

「放氣！」計劃完成後，倒楣會長一聲令下，女歌星的房間裡立刻充滿了一種說不出來的怪味兒。

當天晚上，女歌星的嗓音有點沙啞了，觀眾的掌聲減少一大半。

倒楣會長哈哈大笑：「好啊，加大供氣量！」

終於，女歌星再也不能唱歌了，連她自己都怕聽見鋸樹般的聲音。但是，正當倒楣者協會在慶祝勝利時，又傳來這樣的消息：過氣的歌星現在成了啞劇演員，精湛的演技無與倫比，即將應邀出國演出。

「她更幸運了！」倒楣會長急紅了眼，「不行，不能讓她出國！」

一根更粗的霉氣管又通到了啞劇演員的床底下，第二天早晨她竟然因此無法起床，兩條腿動彈不得了。

女演員在床上躺了三天三夜。第四天，她拿起了筆，決心當一名作家，她自己無法出國，但寫出的書非常動人，被傳到了更廣更遠的地方。

「停止放氣。」倒楣會長終於明白了一個道理：「對這種人來說，霉氣越多，就越是幸運！」

這個故事讓人想起一部電影〈幸運之吻〉，描述一個超級幸運的女孩和倒楣透頂的男孩在某次邂逅後，因爲一個吻，兩個人的運氣從此顛倒。

裡面讓人印象很深的一幕是，女主角責怪男主角：「在你出現之前，我的生活是完美的。」

男主角卻回答她：「眞的很完美嗎？」

女主角從無法接受好運流逝，到爲了讓所愛的人過得好，寧可放棄自己的幸運，最後有情人終成眷屬。

看完女主角先前的幸運，再看她後來遭遇的事，會覺得很難以想像。可是電影表達出來的是，所謂的「運氣」，是取決於人們對生活的態度、對人生的積極與否，這一點，在男主角身上表露無遺。

倒楣協會的倒楣鬼們以爲將「霉氣」送給幸運的人，就能改變對方的運氣，讓她從此成爲倒楣一員。可是，女明星卻不認爲這是倒楣，反而在不同領域一次次發覺自己的潛能。如果沒有那些「霉氣」，她可能一輩子都不知道自己除了唱歌之外還能演戲、寫作。

倒楣和幸運都能讓人成長，學習不同的東西。如果你也很感嘆自己的壞運，羨慕別人的好運，不妨問問自己：「這樣的人生眞的不完美嗎？」

保持愉快，生命便值得期符

「做一個愉快的人」，不但能讓周遭的人感到喜悅，更可以面對人生的每一場考驗。

美國心理學家發現，常跟言語無趣的人在一起會影響自己的健康。西北大學的芬可教授更說，強迫自己聽一些沒營養的話，會讓心理疲累，也會磨掉自己能做有意義事的雄心壯志。

這些論點讓人注意到，言語和行為除了會影響一個人的情緒，還會影響他的判斷力和生活方式。

有一位少年去拜訪一位年長的智者，問道：「我要如何才能變成一個讓自己愉快，也能給別人愉快的人呢？」

智者望著他說：「孩子，在你這個年齡有這樣的願望，已經很難得了。我送你四句話。第一句話是：把自己當成別人，你能說說這句話的含義嗎？」

少年回答：「這是不是說，在我感到痛苦憂傷的時候，就把自己當成是別人，這樣痛苦就自然減輕了；當我欣喜若狂時，把自己當成別人，那些狂喜也會變得平和一些。」

智者微微點頭，接著說：「第二句話：把別人當成自己。」

少年沉思一會兒，說道：「這樣就可以真正同情別人的不幸，理解別人的需求，在別人需要的時候給予恰當的幫助？」

智者臉上露出讚賞之情，繼續說道：「第三句話：把別人當成別人。」

少年說：「這句話的意思是不是要充分尊重每個人的獨立性，在任何情形下都不可侵犯他人的核心領地？」

智者哈哈大笑說：「很好，很好，孺子可教也！第四句話是：把自己當成自

己。這句話理解起來太難了，留著你以後慢慢品味吧！」

少年聽了不禁問道：「這四句話之間有許多自相矛盾之處，我要用什麼方法才能把它們融合起來呢？」

智者說：「很簡單，用一生的時間和經歷去體會。」

少年沉默了很久，然後叩首告別。

後來這少年成了壯年人，又變成了老年人，最後離開了這個世界。直到很久之後，人們都還時時提起他的名字，大家都說他是一位智者，因為他是一個愉快的人，而且也為每一個見過他的人帶來了愉快。

當身邊都是一些消極、充滿負面情緒的人時，我們也很容易變得灰心喪志，對人生感到無望。

同樣的，如果身邊的人都很愉快，相信彼此都能過著快樂的生活。

智者告訴少年的四句話，雖然顯得互相矛盾，最終的意義卻只有一個，那就是讓自己做一個愉快的人。

當我們能做一個愉快的人，痛苦時，自然可以把自己當作別人平靜看待，對別人的遭遇感同身受，多一分同理心，尊重別人應有的空間和權利，如同尊重自己，並且了解自己、愛惜自己。

人生就是得意與失意的循環，不論得意或失意，人都要都要保持愉快，才能坦然面對成功和失敗。

「做一個愉快的人」，不但能讓周遭的人感到喜悅，更可以利用這四項原理，來面對人生的每一場考驗。

別讓環境削弱志氣

有競爭才會有進步，投身到一個大家能力都不如自己的地方，除非很有毅力，懂得不斷充實自己，否則很難前進。

一心大師剛剃度的時候，在法門寺修行。

法門寺是個香火鼎盛、香客絡繹不絕的名寺，每天晨鐘暮鼓，香客如織。

一心想要靜下心神潛心修身，但法門寺的法事應酬過於繁瑣，讓他疲於奔命。加上自己雖然青燈黃卷苦苦習經多年，但談經論道起來，還是遠遠不如寺裡的許多僧人。

有人勸一心說：「法門寺是個名滿天下的名寺，水深龍集，納集天下許多名僧，想在僧侶中出人頭地，不如到一些偏僻小寺中閱經讀卷，這樣一來，你的才華就會很快展露光芒了。」

一心思忖良久，覺得這話很有道理，便決意辭別師父，離開這高僧濟濟的法門寺。一心打包好行李，前去向方丈辭行。

方丈明白一心的意圖後，問他：「燭火和太陽哪個更亮些？」

一心說：「當然是太陽了。」

方丈說：「你願做燭火還是太陽呢？」

一心不假思索地回答道：「我當然願做太陽！」

方丈微微一笑說：「我們到寺後的林子走走吧。」

法門寺後是一片茂密的松樹林。方丈將一心帶到一座山頭上，那裡樹木稀疏，只有一些灌木和三兩棵松樹，方丈指著其中最高大的一棵說：「這棵樹是這裡最大最高的，可是它能做什麼呢？」

一心繞著樹看了看，這棵松樹亂枝縱橫，樹幹又短又扭曲，便說：「它只能劈來做煮粥時燃燒的柴薪。」

方丈又帶著一心來到一片鬱鬱蔥蔥的林子裡。方丈問：「為什麼這裡的松樹每一棵都這麼修長、挺直呢？」

一心說：「是為了爭著承接天上的陽光吧！」

方丈鄭重地說：「這些樹就像芸芸眾生啊，它們生長在一起，就是一個群體，為了爭得一縷陽光，一滴雨露，它們奮力向上生長，棵棵都可能成為棟樑之材。但遠離群體，只有零零星星的三兩棵松樹，陽光全都屬於它們，雨露也能恣意享受，在灌木中鶴立雞群，沒有樹和它們競爭，所以只能成薪柴。」

一心聽了，思索了一會兒，慚愧地說：「法門寺就是這一片蒼蒼大林，而山野小寺就是那棵遠離樹林的樹。方丈，我不會再離開法門寺了！」

在法門寺這片森林裡，一心苦心潛修，後來，終於成為一代名僧。

西漢司馬遷《史記》裡的〈蘇秦傳〉中有句話說：「寧為雞首，勿為牛後。」這句話常被人拿來安慰自己身處的環境，寧可在小地方當個領導者，而不願意在大團體中當個沒沒無名的人。

然而，這句話並不是每個人都適用，必須考量到所處的環境和自身的狀況。有競爭才會有進步，如果不懂得這個道理，在自身的能力都還不夠充實的時候，投身到一個大家能力都不如自己的地方，即使在那種環境當中可以當個領導者，但那是因爲本事夠嗎？有人値得效法學習嗎？

除非很有毅力，懂得不斷充實自己、挑戰自我，否則很難前進。

再者，必須思考所選擇的環境是否有足夠的條件讓自己發揮實力？有許多潛身在深山中的得道高僧，的確比現代充滿「商業氣息」的佛教團體更有修爲。但是，知道他們存在的人有幾個？他們空有滿腹理想卻無法發揚。

也不能不試著想一想，在一個小地方當領導者，會不會讓自己安於現狀而忘了向前邁進？就像生長在沒幾棵樹的山頭上的松樹，只要擁有足夠的陽光和雨水，就胡亂伸展不思長進。

愛因斯坦曾說：「一個人只有以他全部的力量和精力致力於某一事業時，才能成為一個真正的大師。」

「寧爲雞首，勿爲牛後」對於準備充分、自我約束力強的人是個好選擇，那是他能夠獨當一面、實現理想的環境。因爲，不久之後，他會讓雞展翅高飛，站到牛的肩膀上。

對那些只有領導慾望，但實力平平的人來說，不思長進將是阻止自己繼續前進的絆腳石。

真心付出，心靈就會滿足

「付出」不完全是奉獻自己的時間、財力，或者是勞力，只要有一顆感激的心，就是對生命的一種付出。

二次大戰期間，德軍包圍了列寧格勒，企圖用轟炸機摧毀軍事目標和其他防禦設施。眼看就要全軍覆滅，所有士兵都束手無策。

當時，有一位名叫施萬維奇的昆蟲學家也被困在其中。由於戰火的洗禮，軍營附近的生物都慘遭波及，作為昆蟲學家的施萬維奇感到很痛心。

這天，他看到不遠處的樹枝上停著一隻蝴蝶，那是一隻美麗的花蝴蝶，正在陽光下伸展著美麗的翅膀。他向蝴蝶揮了揮手，希望趕牠離開這個危險的環境。

但是蝴蝶反覆揮動翅膀，還是沒辦法起飛。經驗豐富的施萬維奇發現這個狀況就知道牠一定是受傷了。

施萬維奇小心翼翼地將蝴蝶從樹上抓下來帶回軍營。經過仔細地觀察過後，果然在蝴蝶的翅膀地方發現傷口。施萬維奇為牠上了藥，兩天過後，蝴蝶康復了，施萬維奇依依不捨地將牠放回大自然。

第二天一早，施萬維奇的門前停滿了蝴蝶，花花綠綠，在陽光下揮舞著美麗的翅膀，分外耀眼。這種景象讓施萬維奇激動極了，研究昆蟲多年，他從沒見過如此壯觀的場面。

施萬維奇突然靈機一動，如果用這些蝴蝶將軍事基地偽裝起來，德軍的飛機也許就不會發現他們了。

但是，軍事基地這麼大，這些蝴蝶是不夠的。最後，他想出了用黃、紅、綠三種顏色塗在軍事基地上的方法，將軍事基地裝扮成一件大大的迷彩服。這麼一來，德軍在飛機上看到的只有一片蝴蝶花海。

列寧格勒的軍事基地安然度過危機，為贏得大戰最後的勝利奠定了堅實的基

礎。根據同樣的原理，後來的人們生產出迷彩服作為軍事裝扮，大大減少士兵在戰鬥中傷亡。

根據科學家對蝴蝶色彩的研究，蝴蝶的翅膀在陽光下時而金黃，時而翠綠，有時還會由紫變藍，能爲爲軍事防禦帶來極大的裨益。

然而，施萬維奇則認爲那次蝴蝶集會的唯一解釋是爲了報恩，號召同伴利用自己天生僞裝的特長，來爲施萬維奇的軍事基地作掩護。

這種大自然的神秘力量，是很難解釋的。但我們可以知道一點：「眞心地付出，總會獲得回報。」

因爲施萬維奇對蝴蝶付出的善心、對生命的憐憫，讓他有機會注意到「蝴蝶」的顏色具有保護色的效果。

在世態炎涼的今日，人們慢慢收回「付出」的天性。因爲不奢望回報，更害怕惹禍上身。

可是，關閉這種天性太久，就會容易忽略生命中值得感動的一面。甚至看到任何動人場面，也沒什麼感覺了，那是因爲我們的「心」已經麻痺。

爲什麼要人「付出」？絕對不是要當個聖人，而是要讓我們定時活絡自己逐漸僵硬的心，在失意的情境下，也能找回努力的動力。

「付出」不完全是奉獻自己的時間、財力，或者是勞力，只要有一顆感激的心，就是對生命的一種付出。

爲我們所擁有的一切滿足，把這樣的心情帶給身邊的人，讓他們也感受到同樣的滿足和快樂，就是一種最棒的回報。

付出，總會得到回報。不僅在於物質，更是一種心靈的平靜與滿足。

演好自己的角色最重要

「誰最重要」一點也不重要。如果每個人都能扮演好自己的角色，對自己或他人而言，就是最重要的一個。

柯林頓在擔任美國總統期間，有一天安排行程到醫院探視病患。

突然，有個小孩鑽過人群來到他的身邊。這個小孩只是看著柯林頓先生，卻什麼話也不說。就這樣沉默了幾秒鐘之後，柯林頓注意到他，便開口問：「你有什麼話要跟我說嗎？」

「我想要你的簽名！」小孩用洪亮的聲音說。

柯林頓情不自禁地露出微笑，拿起名片，很快地寫上名字，正要交給小孩時，小孩又要求說：「我可以要四張嗎？」

柯林頓一臉笑意，疑惑地問：「為什麼要這麼多張呢？一張不夠嗎？」

小孩回答他：「我要用三張你的簽名去換麥克．喬丹的一張簽名照，至於剩下的一張，我會妥善地收藏起來。」

柯林頓總統並沒有因此而不高興，他接著拿出三張名片，都簽上了名字，同時開朗地說：「我的一個侄子最喜歡麥克．喬丹，改天有空我也要幫他去換一張麥克．喬丹的簽名照。」

一位是美國總統，一位是聞名全球的NBA籃球明星，誰最重要呢？仔細想想，「誰最重要」這個問題真的很「重要」嗎？如果你不是最重要的那一個，又會如何呢？

讓我們來看一個「我最重要」的故事吧。

有一天，眼睛、耳朵、鼻子，和嘴巴正在聊天。

說著說著，鼻子突然說：「眼睛，你有什麼重要的？為何你在我上面？」

眼睛說：「沒有我，什麼也看不見，世界是一片黑暗。我當然重要！」

正當鼻子想反駁眼睛時，嘴巴說話了：「鼻子，那你又有什麼重要的，為什麼我要排在你下面？」

鼻子回答：「我才是最重要的好不好，沒有我，就沒辦法呼吸；沒有我，就聞不到任何氣味。我當然是最重要的。」

這時候嘴巴不以為然地說：「我能嚐遍所有美味的食物，還能唱出好聽的歌、吟誦優美的詩詞，我才是最重要的！」

在旁一直沉默的耳朵說話了：「雖然我不知道誰才是最重要的。但是我所處的位置最特別，所以我才是最重要的。」

在每一個都說自己最重要的吵鬧情況下，它們決定來個大風吹，找一個自己最喜歡的位置。

結果，鼻子掛在額頭上、眼睛跑到下巴上、耳朵吊在眼睛的上方、嘴巴則長在右邊腦袋！這張臉，最後成為一團亂。

基於人性，人們總是希望自己是最重要的那一位。

因此，有些人會去探別人的口風，想知道自己在朋友間受歡迎的程度，是不是大家最喜歡的人。類似的事情，不論在工作場合或在家庭裡，都會常常出現，甚至當爸爸的還會和兒子一起向老婆爭寵呢。

「我」固然很重要，但是沒了「你」或「他」，生活還有什麼意義呢？

爭奪「誰最重要」一點也不重要，不要因爲自己不是「最重要的」，而對人生感覺到失意。如果每個人都能扮演好自己的角色，對自己或他人而言，就是最重要的一個。

輸掉排名卻該獲得尊敬

我們可以為贏家感到高興，可是，那個讓贏家付出全力的對手也值得致敬。因為有如此勁敵，才能激發贏家的實力。

在世界職業拳王爭霸賽的電視節目中，觀眾看到一幕幕感人的情節。

參賽的是兩個美國職業拳手，年長的名叫卡非拉，三十五歲；年輕的是巴雷拉，二十八歲。

上半場兩人拼搏六個回合，實力相當，難分勝負。在下半場第一回合中，巴雷拉接連擊中老將卡非拉的頭部，使他鼻青臉腫。

中場休息時，巴雷拉真誠地向卡非拉致歉，他先用自己手中乾淨的毛巾一點一點擦去卡非拉臉上的血跡，然後把礦泉水灑在卡非拉頭上，一臉歉意的神情彷彿受傷的是自己。

接下來兩人繼續交手，也許是年紀真的大了，卡非拉漸漸顯得體力不支，一次又一次被巴雷拉擊倒在地。

按照比賽規則，對手被打倒在地之後，由裁判開始讀秒，如果讀到第十秒，倒地的拳手還未起身，對手就獲得勝利。

卡非拉掙扎著想要起身，裁判開始讀秒：「一、二、三……八、九……」在十還沒出口前，巴雷拉一把將卡非拉拉了起來。

裁判感到很吃驚，這樣的舉動在拳場上很少見。

巴雷拉向裁判解釋說：「我犯規了，只是你沒看見，這局不算我贏。」

扶起卡非拉後，他們微笑著擊掌，繼續交戰。

最後，卡非拉以一〇八比一一〇的成績輸給巴雷拉。觀眾如潮水般湧向巴雷拉，向他獻花、致敬、送禮物。

巴雷拉則撥開人群徑直走向被冷落的老將卡非拉，他把鮮花獻給卡非拉。兩

人緊緊地抱在一起，相互親吻被擊中的部位，儼然猶如一對親兄弟。

卡非拉真誠地向巴雷拉祝賀，洋溢著滿臉笑容，他握住巴雷拉的手高舉過頭，向全場觀眾致敬。

兩人都獲得全場觀眾熱烈的掌聲。

在這場拳賽中，無論拳術高超與否，兩人都是最大的贏家，贏在風度和人格。給輸家掌聲，向對手致敬是非常有運動家精神的行爲，雖然很多人都懂，但是能做到的卻沒幾個。

當我們參加或者觀賞任何比賽，支持的隊伍獲勝時，我們總會毫不吝嗇，大力報以掌聲和讚美。可是，如果輸了的話，情況又是如何呢？

對於贏家來說，掌聲是不可缺少的東西，恭維更是多如雪片。我們可以爲贏家感到高興，給予讚賞，可是，那個讓贏家付出全力的對手也值得致敬。因爲有如此勁敵，才能激發贏家的實力。

生活周遭，也有許多「輸家」需要我們的鼓勵。

他們並非很糟、行爲不檢，可能只是內向了點、朋友少了點，這些人需要的是別人主動地關懷和鼓勵。

給「輸家」掌聲，並非可憐他們，只是讓他們得到每個人都希望擁有的鼓勵和支持，喚起被人們所遺忘的運動家精神，使他們在失意的處境之中也能打起精神，不放棄努力。

選擇誠實就能贏得支持

一向都表現地很公正的人，當碰上跟自己利益相關的事情時，都可能做出偏袒地行為。

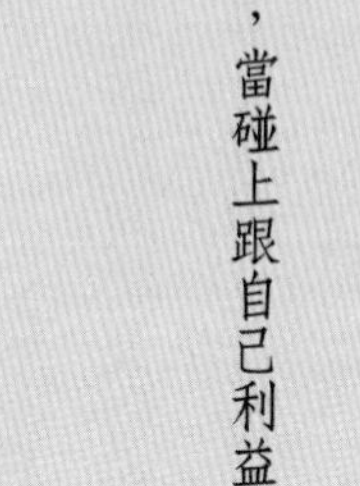

一個陽光明媚的上午，勃比．萊維斯帶著他的兩個小兒子去高爾夫球場打球。他走到球場售票處詢問售票員：「請問孩童的門票怎麼計算？」

裡面的年輕人回答他：「所有滿六歲的人進人球場都需要交三美元，先生。我們這個球場讓六歲以下的兒童免費進入，請問您的兩個孩子多大了？」

勃比回答：「我們家未來的律師三歲了，未來的醫生則已經七歲了。所以，我應該付給你六美元，先生。」

櫃台後的年輕人有點驚訝地說：「嘿，先生，你是剛剛中了樂透彩還是其他好處，你本來可以為自己節省三美元的！就算你告訴我你的大兒子未滿六歲，我也看不出來有什麼差別。」

勃比回答道：「對，你的確不會看出其中的差別，但是我的孩子們會知道。身為他們的父親，我有責任不讓他們小小年紀就學會如何欺騙別人。」

每個人在自己的人生當中，都同時扮演著不同的角色，是孩子的父親、妻子的老公、父母的兒子、上司的部屬……每一個角色，都各有處事的準則。

這些角色的扮演中，人們很容易因爲某些原因而陷入迷思，讓所該扮演的角色處於模糊不清的中間地帶。這時，就是最容易顯現出本性的時候。

相信當十個人碰上勃比．萊維斯的狀況時，其中至少有八、九個會謊報孩子的年齡。畢竟，無傷大雅下的貪小便宜，是許多人會做的事情。

讓我們再看一個例子。

在華盛頓舉辦的第四屆全國拼字大賽中，南卡羅來納州的代表，十一歲的羅莎莉．艾略特一路過關斬將進入決賽。當她被問到如何拼「坦率地承認」（avowal）這個詞時，她輕柔的南方口音，使得評審委員們難以判斷她所說的第一個字母到底是A還是E。

委員們商議了幾分鐘之後，將錄音帶倒帶後重聽，仍然無法確定她的發音是A還是E。最後，主評約翰．洛伊德決定將問題交給唯一知道答案的人。

他和藹地問羅莎莉：「妳的發音是A還是E？」

透過他人的低聲議論，羅莎莉已經知道這個字的正確拼法應該是A，但她毫不遲疑地回答，她拼的字母是E。

主審約翰．洛伊德驚訝地問羅莎莉：「妳大概已經知道正確的答案了，如果妳回答A就可以獲得冠軍的榮譽，為什麼還要說出錯誤的發音呢？」

羅莎莉天真地回答說：「我願意做個誠實的孩子。」

當她從台上走下來時，幾乎所有觀眾都為她的誠實熱烈鼓掌。

第二天，報上刊登關於這次比賽的短文〈在冠軍與誠實中選擇〉。短文中寫道，羅莎莉雖沒贏得第四屆全國拼字大賽的冠軍，但她的誠實卻感染了所有觀眾，並贏得他們的心。

若以一個參賽者的身分，獲得冠軍幾乎是比賽最重要且唯一的目標。因此，我們經常可以看到在許多比賽當中，出現關於「作弊」、「犯規」的爭議。一個平日形象再好的人，爲了獲勝都可能做出不公正的行爲來。

可是羅莎莉卻選擇當一個誠實的孩子，因爲她能清楚地了解自己所扮演的角色，並在其中選取最好的標準作爲圭臬。就像身爲人父的勃比·萊維斯，或許他在其他生活上的小細節會有貪小便宜的情況出現，可是在孩子面前，他卻知道必須正確地引導他們，以身作則做出正確的示範。

一向都表現得很公正的人，當碰上跟自己利益相關的事情時，都可能做出偏袒地行爲。因此，我們必須要提醒自己，碰上這種利益與道德良知的衝突時，更該想清楚自己該做什麼，該以什麼爲標準。

發揮個人力量，能使世界受到影響

每一個人都無形中直接或者間接對別人造成影響，當我們愈能觀察，就愈能隨時調整心態和處事方法，往正面發展。

美國芝加哥市的西北角，有一個名叫羅愛德的小鎮。這個小鎮的教育機構曾經為鎮裡一位女教師舉辦了一次攝影展覽，展出的全是該教師以女兒為攝影對象的生活照片。

出人意料的是，從各地來了二千八百多位記者前來採訪，打破了美國個人攝影展覽採訪記者人數的歷史紀錄。

這位女教師名叫路易絲，四十多歲，從一九九一年起一直在當地小學任教。

她的生活很平凡，與眾不同的是，她堅持每天為女兒珍妮照一張像，從女兒出生到二十歲，足足照了二十年，總共有七千三百多張。

她把這項活動稱為：「女兒每天都是新的。」展覽館共有八層展覽廳。就專業攝影的角度來看，這些照片並沒有高超之處，從拍攝技術到畫面內容，都很平凡，甚至千篇一律沒什麼變化。

然而，就是這些平凡的照片轟動了整個美國、揚名於世界，因為它體現了路易絲對女兒珍妮永恆的愛。

最近不管是國內或國外的演藝圈，許多明星一個接著一個當了父母。當這些可愛的小生命來到世界上時，有多少好奇的人急著想一睹風采，他們的玉照甚至可以爲父母帶來不小的收入。

那麼，一個平凡的小女孩，又怎麼能吸引到那麼多人的目光？或許是因爲二十年來不間斷的紀錄吸引人，也可能是母親對女兒無限的愛感動人，甚至是其他更多的可能。

如果現在告訴你，你也有辦法影響到如此多的人，願意相信嗎？

每一個人每一天做的每件事，都無形中直接或者間接對別人造成影響。你的每一個變化都會影響整個世界，只是你不知道它是以怎樣的方式進行。

當家人或者朋友出門前，你對他們打聲招呼，並且說一句：「你今天氣色看起來不錯。」相信這一天他們會過得很愉快。

相反的，你的一個作爲，不管是有意或無意，也可能爲別人帶來不舒服的感覺。一個鄙視的眼光、不耐煩的態度、錯誤的建議等等，都會影響到別人。

看著小女孩的照片，有些人驚覺孩子的成長竟如此快速，讓他們更珍惜與兒女的相處時間，而不是整天忙於工作。有些人則注意到，二十年來服裝的變化和流行方向。有些則研究女孩拍照的姿勢和表情，判斷她的心理狀態。

當我們愈能觀察，知道自己能造成多大影響時，就愈能隨時調整心態和處事方法，往正面發展。

6.
PART

發揮自己的實力，不輕易放棄

只要我們失意時也不放棄，
將自己的實力發揮到極致，
多一點信心再堅持一下，
就能得到屬於自己的成功。

憑著傻勁，朝目標前進

誰說目標一定要崇高而偉大，有時候只是起於一股傻勁，一個天真單純的理由，就能讓自己踏上不凡的人生。

在其他小男孩跟隨生命的腳步漸漸成長時，他也正不斷成長茁壯。望著兒子不斷長高的身材，和一雙大腳板，父母除了高興之外，更多的是發愁。到哪裡為他找到一雙合腳的鞋呢？

當時，父母為了能替他找到一雙合腳的特大號鞋，幾乎走遍了上海的大街小巷，卻總是失望而歸。

這位身材高大的少年飽嚐了「穿小鞋」的滋味。有一回，父母咬緊牙根，花了近一百美元，託一位遠在美國的親友為他郵購一雙NIKE球鞋。

對於並不寬裕的家境而言，這雙價值不菲的NIKE牌球鞋簡直是奢侈品。因此，他如獲至寶，備加珍惜。即使隨著年齡增長，這雙鞋已經穿得又破又爛，也一直捨不得丟棄。

後來，他憑著超人的身高優勢進入東方男籃俱樂部打球。當時該隊正好獲得NIKE公司的贊助，但贊助的對象只限於一線隊員。

還只是集訓選手身分的他便暗下決心，一定要努力訓練自己，無論如何都要打進一軍。只要進了一軍，就不愁沒合腳的鞋穿，父母也不用再為了替他尋找鞋子而發愁了。

他就是籃球明星姚明。不是為了拿冠軍，更不是為了加盟NBA。最初，他的努力，只是為了擁有一雙合腳的鞋。

有句話說：「成功屬於有傻勁的人，因為絕頂聰明的人不會去做傻事。」

在脫離童言童語的年紀後，許多人的夢想已不再天真單純。然而，還是有許多人爲了實現幼時的夢想，憑著一股傻勁努力，最後終於走向成功之路。

例如聞名全球的知名導演史蒂芬．史匹柏，他拍攝的電影既瘋狂又迷人，然而早期的電影環境卻不能認同他的想法。可是，就因爲一股傻勁，一個想拍出「一些不可能的事」的瘋狂理由，吸引了一群同樣瘋狂的人支持他，才讓我們有大飽眼福的機會。

又如電影界重量級的演員周潤發，在投身演藝事業時，曾是美麗華酒店的服務生。他的工作就是替客人搬行李，洗車等清潔工之時。

有一天，一輛豪華的勞斯萊斯轎車停在酒店門口，車主下車後吩咐了一聲：

「把車洗一洗。」

那時中學剛畢業的周潤發，沒見過什麼世面，看見這麼漂亮的車子，不免有幾分驚喜。他邊洗邊欣賞這輛車，將車清洗乾淨之後，忍不住拉開車門，想上去享受一番。想當然耳，他被領班斥責、阻止了。

周潤發從此在心中發誓：「這一輩子我不但要坐上勞斯萊斯，還要擁有自己的勞斯萊斯！」

周潤發的決心是如此強烈，這成了他人生的奮鬥目標。許多年以後，當他紅遍天下，風光十足時，一連買了五部轎車！

查理德斐爾爵士曾說：「目標的堅定是性格中最必要的力量泉源，也是成功的利器之一。沒有它，天才也會在矛盾無定的迷徑中徒勞無功。」

但是，誰說目標一定要崇高而偉大？有時候只是起於一股傻勁，一個天真單純的理由，就能讓自己踏上不凡的人生。

用誠懇勤奮擺脫艱困

若是事業陷入瓶頸、事事都不順利，別太早沮喪、灰心，必須再加把勁，用自己的誠懇和勤奮彌補過來。

保險推銷員甘道夫年輕時，拜訪過一位很有名氣的書商。在他家裡，甘道夫看到許多徽章及獎盃，甘道夫問：「這些徽章和獎盃是如何得來的？」

「我曾獲得美國最佳書商的稱號。」

「你是如何成為第一名的？」

「因為我知道神奇的格言。」

「什麼神奇的格言？」

「我會向客戶說『我需要你的幫助』。當你誠心誠意地向別人求助時，沒有人會說『不』。」

「你要求什麼幫助？」

「我請他給我三個朋友的名字。」

甘道夫這才了解了這位先生當年成功的秘密，這位先生是向客戶索求三個被推薦的名單。

為什麼是三個而不是五個、十個呢？根據心理學家分析，人們習慣性用「三」來思考，此外，很少人有三個以上的好朋友。

一句「我需要你的幫助」的確幫了甘道夫許多忙，取得三個朋友的名字之後，甘道夫會向客戶進一步詢問他朋友的年齡、經濟狀況，然後在離開之前甘道夫會對客戶說：「你會在下週前與他們見面嗎？如果會的話，願不願意向他們提起我的名字？或者，你會不會介意我提到你的名字呢？我會用我與你接觸的方式與他們接觸。」

「我需要你的幫助」的確是一個好方法。甘道夫牢牢記住這句話，很多人都願意提供這種微不足道的幫助，因此，他的客戶群逐漸擴大。

透過真誠的交往與不懈的努力，甘道夫終於成為歷史上第一位在一年內銷售超過十億美元壽險的成功人士。

對於一個眞誠請求幫助的人，多數的人通常不會拒絕對方的要求。「提供三個名字」的做法，其實包含許多人性心理層面在其中。

想像一下，假使你碰上一個很誠懇的推銷員，甚至他和自己有某種程度上的交情，可是你並不需要那項商品時，你會怎麼做？想必是委婉地拒絕，可是更多人會選擇「將問題丟給另一個人」！

「要不然你去找某某人，他可能會需要這個東西！」當你這麼說時，多多少少減輕了內心的愧疚感。

書商和甘道夫的做法，正包含了這層人性面，他們提供人們一個「提供幫助」的管道，讓被推銷的人，就算不購買商品，也會覺得自己幫助了別人。

至於被提供爲名單上的人，有些可能正好需要，對這項商品有興趣；有些可能「以爲」提供者也購買商品，在「比較」的心理下，就眞的購買了；剩下的大概和提供者一樣，不購買，但是另外提供了三個名單。

當名單愈來愈長，購買商品的人也愈來愈多時，排在最早名單中未購買的人，在口耳相傳之下，也有可能會被影響而跟進。

誠懇的態度的確較能打動人心，讓人們願意助自己一臂之力。因此，若是事業陷入瓶頸、事事都不順利，別太早沮喪、灰心，必須再加把勁，用自己的誠懇和勤奮來彌補。

面對困境，更需要耐性

理性來自於耐性的緩衝，好讓自己有多一點思考空間。否則，只有衝勁卻沒有計劃，只會撞得滿頭包。

喬治在英國倫敦大學修讀工商管理科期間，曾經參與倫敦大學的專業論文評選。他的論文被一些在英國企業界頗有聲望的成功人士看好，英國皇家某大公司的總裁因此親自點名，要他參加該公司一年一度的職位競選。

喬治在詳細閱讀該公司的簡介以及空缺的職位以後，決定投入競爭較為激烈的總裁助理一職。

面試答辯等程序全部完畢以後，喬治和另外四個對手進入了最後的決選。決選分兩個步驟，第一步是做出上任第一天的工作安排。喬治在國內曾在某行政單位做過管理工作，因此以他完美的思維和東方人的謙虛美德贏得了讚賞，結果他和另一位年輕的選手勝出。

第二步考查他們的內容竟然是賽車，在接到那把車鑰匙之前，喬治絕對想不到第二關的內容是毫不相關的東西。

還好他的開車技術不錯，很快就超越對手。不幸的是，他們的路線出現了堵車的狀況，喬治等了一會兒，看到對手的車也從後面跟了上來，為了能盡快甩下對手，他看了看地圖，把車掉頭，往另外一條較遠的路行駛，那位對手則是耐心地等到塞車結束。喬治因為繞得太遠了，當他終於抵達目的地時，對手早已到達，他因此被公司淘汰了。

事後，總裁對他這麼說：「你的性格在駕車時已經流露出來，一個人能有耐心地等塞車狀況解除，那麼他在工作中即使遇到危機，也能理性解決。自我控制和堅守原則這兩項特質，對於總裁助理這個職位很重要，希望你能真正明白自己失敗的原因。」

喬治後來語重心長地對朋友說：「其實我不是因為賽車輸了才被淘汰，我是被自己淘汰的。」

西洋有句廣爲流傳的俗諺：「寧可慢些，也不要太急而出錯；寧可笨些，也不要太巧而敗事。」

曾搭過某位「沒耐性」先生開的車，當時正好碰下班塞車潮，「沒耐性」先生被困在A車道裡動彈不得，眼看著B車道的車正緩緩前進，他便想盡辦法鑽進B車道裡。

然而，當他進入B車道後，A車道竟然開始動了起來，反而是B車道進入停止狀態。「沒耐性」先生當然無法忍受這樣的情況，又費盡心力鑽進A車道，結果又塞住了。

這樣的情況反覆了十幾次，「沒耐性」先生就是不肯耐心在其中一個車道多等幾分鐘。眼看身邊的車雖然行進緩慢，但也一台台通過路口，只有我們的車還困在車陣中。

有些工作需要衝勁和熱血，考慮太多、猶豫太久反而會誤了時機；有些工作則需要深思熟慮，經過再三衡量才可以做出決定。

若喬治應徵的工作是開發部門，相信他就能夠雀屏中選，因爲他懂得變通，而不是死守著崗位。但他應徵的是總裁助理，這個職位顧名思義就是輔佐總裁處理大小事。擔任這項要務的人，當然必須具備一顆冷靜的心，才能用理性的眼睛來看各種狀況，提醒總裁忽略的地方。

這兩種類型看似不同，其實都需要理性來判斷。

理性來自於耐性的緩衝，好讓自己有多一點思考空間。否則，只有衝勁卻沒有計劃，只會撞得滿頭包。

勇敢做夢，就一定能成功

別深陷於失意的處境中無法爬出來。多一點自信，相信「這是可以實現的」，再多一點努力，必然能夠美夢成真。

人的行動力源自於對慾望的執著，當你的目標愈明確，決心愈強烈，成功的機率自然也愈大。因爲你會付出所有心力，想盡一切辦法，立志要克服萬難來完成它。別害怕勾勒出自己的夢想，哪怕只是偷偷寫在日記裡，或者在腦裡幻想千百次也好。只要擁有夢想，就不難實現它。

他出生在一九四〇年美國舊金山。因為父親是演員，所以他從小就有跑龍套的經驗，也讓他許下當演員的夢想。

由於身體虛弱，父親讓他拜師習武來強身。一九六一年，他考入華盛頓州立大學主修哲學，後來，他像所有正常人一樣結婚生子。但是在他內心深處，始終不曾放棄當一名演員的夢想。

有一天，他與一位朋友談到夢想時，隨手在一張便箋上寫下自己的人生目標：「我將會成為最高薪酬的超級巨星。我將奉獻出最激動人心、最具震撼力的演出作為回報。從一九七〇年開始，我將會贏得世界性聲譽；到了一九八〇年，我將擁有一千萬美元的財富，那時候，我及家人會過著愉快和諧、幸福富裕的生活。」

寫下這張便箋的時候，他正過著非常窮困潦倒的生活，可是他卻把這些話深深刻在心底。為了實現夢想，他克服了無數次常人難以想像的困難。比如，他曾因脊背神經受傷，在床上躺了十四個月，但後來卻奇蹟般地站了起來。

一九七一年，命運女神終於向他露出了微笑。他主演的〈猛龍過江〉等電影都刷新香港票房紀錄。

一九七二年，他主演香港嘉禾公司與美國華納公司合作的〈龍爭虎鬥〉，這部電影使他成為一名國際巨星，也被譽為「功夫之王」。

一九九八年，美國《時代》週刊將他評選為「二十世紀英雄偶像」之一，他是唯一入選的華人。

讀到這兒，相信大家都猜出他就是李小龍，一個「最被歐洲人認識的亞洲人」，一個到現在還是世界上享譽最高的華人明星。

有位詩人說過：「人們都可以成為自己幸運的建築師。」

相信在李小龍成功前，他那張信箋如果被別人看到了，不免被嘲笑爲近乎天方夜譚的空想。然而，自己的成就要靠自己創造，李小龍做到了。

別忘了，在這個時代，只要你願意，什麼都有可能成眞。別低估自己的潛力，別深陷於失意的處境中無法爬出來。多一點自信，相信「這是可以實現的」，再多一點努力，必然能夠美夢成眞。

從今天起，仔細想想自己想要過怎樣的人生，要怎樣才能實現它，然後將它寫下來，並且付諸行動。

解決實際問題，克服一時失意

只有能幫人解決實際的問題，才是最好的幫助。問題無關輕重，解決不分大小，只要來得巧，做得好，就是最好的幫助。

二十世紀五〇年代初期，有個叫丹尼爾的年輕人，從美國西部一個偏僻的山村來到紐約。他對自己發誓一定要闖出一片屬於自己的天空。

對於學歷不高的丹尼爾來說，要想在這座城市裡找到一份稱心如意的工作，簡直比登天還難，他被多家公司拒絕過。

就在他心灰意冷之際，幸運地接到一家日用品公司的面試通知。他興沖沖地前往面試，但是面對主考官有關各種商品的性能以及如何使用等問題，他連一句話也答不出來。

眼看唯一的機會就要消失，丹尼爾忍不住問：「請問閣下，你們到底需要什麼樣的人才？」

主考官微笑地看著丹尼爾，告訴他：「很簡單，我們需要能把倉庫裡的商品銷售出去的人。」

主考官的話，讓丹尼爾領悟到，每間公司需要的，不都是能夠幫助自己實際解決問題的人嗎？既然如此，何不主動尋找那些需要幫助的人？

不久，在當地一家報紙上，登出了一則頗為奇特的啟事。文中有這樣一段話：「……謹以我本人人生信用作為擔保，如果您或者貴公司遇到難處，如果您需要幫助，而我也正好具有這樣的能力可以給予幫助，我一定竭盡所能提供最優質的服務……」

這則並不起眼的啟事登出後，丹尼爾接到許多來自不同地區的求助電話和信件。原本只想找一份適合自己工作的丹尼爾，完全沒想到這則啟示會受到如此廣大的迴響。

老約翰為貓咪生下的小貓照顧不來而發愁，凱茜則為自己的寶貝女兒吵著要貓咪找不到賣主而著急；北邊一所小學急需大量鮮奶，而東邊的一處牧場卻奶源過剩……諸如此類的事情一一呈現在他面前。

丹尼爾將這些狀況整理分類，一一記錄下來，然後告訴那些需要幫助的人如何解決他們的難題。

同時，他也在一家需要市場推廣員的公司找到了適合自己的工作。不久，一些得到他幫助的人寄給他匯款，表示謝意。

丹尼爾因此靈機一動，辭了工作，註冊自己的公司，業務越做越大，很快就成為紐約最年輕的百萬富翁之一。

當我們面臨問題，需要幫助時，若能及時得到援手，是再感激不盡了。如果這個援手確實解決了困境，更讓求助者輕鬆了不少，不必在求助過程中費力指導，還得時時擔心。

男女關係有時也需要實際的幫助。還記得電影〈全民情聖〉中，威爾·史密斯扮演愛情顧問提供的愛情服務嗎？

就是這樣的原理，腦筋動得快的業者推出掩護「外遇」的服務，幫忙偷腥的男女不被另一半察覺。除此之外，還有教導如何「外遇」的課程出現呢！這或許可以攀上本世紀最受客戶歡迎的行業之一了。

這反映出一個事實：只有能幫人解決實際的問題，才是最好的幫助。

眞心想幫助一個人，如果只有口頭上的安慰，不如化爲實際行動，想想怎麼做才能讓對方眞正得到「幫助」。就算問題不能完全解決，但也不是那種不痛不癢、千篇一律的加油和鼓勵。

問題無關輕重，解決不分大小，只要來得巧，做得好，就是最好的幫助。

一味挑剔，不如學習改進

「挑剔」這樣的天性，或許是上蒼賜予人們追求進步的力量，因為愛「挑毛病」，所以才會不斷改進。

當人們問你對一個人、一件事的觀感時，你十之八九會在給予的看法中摻雜一兩個負面的聲音。

這是因爲，人都有一種潛在的天性——愛挑毛病。

在一個遊客眾多的風景區，經常會看到許多街頭畫家在那兒兜售自己的藝術天分，為客人們作畫。

有的攤子前只有零零落落的客人分散在前面，有的畫家攤前連一個人都沒有。當中，有一個矮小、不起眼的畫家生意出奇地好。他的畫攤周圍聚集了很多人，不僅觀賞他作畫，也在排隊等著他為自己畫上一幅。

一天，某個同行對於這個情況感到十分好奇，他覺得自己的畫功不錯，但為什麼總是沒有生意上門，於是他也擠進人群之中，想一探究竟。

「幫我也畫一幅吧！」一個沒耐性的年輕小夥子突然插隊，並一屁股坐到模特兒專用的小木椅上。

「他的衣著邋遢，尖嘴猴腮，看起來就很討人厭。」同行在心裡暗暗想著，「這副模樣還敢當眾請人為自己作畫，難道不覺得丟臉嗎？」

畫家上上下下打量這個年輕小夥子，旁若無人異常專注。幾分鐘後，畫家示意小夥子調整身體位置以及眼神方向，待一切準備就緒之後，畫家便奮筆疾書，沒幾分鐘，一幅畫就交到小夥子的手上。

大家紛紛湊過來一睹為快。哇！像極了！這的確是人們對年輕小夥子的第一印象，他有幾分神似日本影星高倉健，畫中人物面容稜角分明，雙目炯炯，更讓

他的特點突顯出來。

小夥子拿著畫作端詳了老半天，沒想到長相不出色的自己，在畫家筆下竟會有如此迷人的神韻。於是眉開眼笑，十分滿意地離去。

下一個客人是一個看起來很沒水準、腦滿腸肥的商人。在畫家筆下，他竟變得慈眉善目、笑容可掬；另一個原來兇神惡煞的彪形大漢，在畫家筆下也變得豪放耿直，像個梁山好漢般令人敬畏。

這時，前來刺探敵情的畫家才恍然大悟。

這位瘦小畫家的高明之處就在於他總能用心捕捉被畫者的本質，然後將它發揚光大，因此他的畫作廣受到大家的歡迎。

當我們看到、聽到，想到任何事，無論再怎麼接近完美，總會有不滿意的地方。這樣的天性，或許是上蒼賜予人們追求進步的力量，因爲愛「挑毛病」，所以才會不斷改進。

可是當這個「挑毛病」的習性過度發展，甚至成爲「挑毛病專家」時，那可是一種大麻煩。因爲會當上「挑毛病專家」的人，必定過得非常不快樂。他看什麼都不順眼，什麼都不合他意。

就像那位生意不好畫家一樣，在他自負的「美感」眼中，每一個人都不完美，甚至是醜陋的，因此，他看不到在表象之下的「內在美」。

反觀瘦小的畫家之所以勝人一籌，就在於他能找出一個人最美的本質，並將它忠實地畫下來。

這其中的差距，不是畫功的高強，而是一個人有沒有欣賞他人美好之處的眼光，即使在不如意的情況下，仍能努力找出美善的部分。

別讓自己成爲一個「挑毛病專家」，在注意別人缺點時也別忘了觀察他的優點，該警惕的注意，該學習的牢記。

得意也不能沒有心意

在這個物質社會裡，資產多的人所表現出的態度也會較為強勢。這在弱肉強食的生物競爭中，似乎是很平常的事。

一群人圍著一輛高級跑車，伸長脖子往裡張望。轎車旁站著一身名牌西服的男人，焦急地對大夥喊：「你們誰能幫我爬到車底把螺絲轉緊嗎？」

他身旁那位打扮時髦的女子說：「做得到的有錢拿喲！」

於是，他趕緊掏出一張千元鈔票：「誰幫我轉緊這錢就是他的！」

一個小夥子動了一下，卻被他的同伴拉住了：「有錢人的話，信不得！」

過了一會兒，一個小孩走了過去說：「我來吧。」、小孩在車主的指揮下很快就弄好了。爬出車後，他用期待的眼神看著車主。車主正要把那張鈔票遞給小孩時，卻被車裡的女人斥喝住：「你還眞給他啊？給他一百塊就夠多了！」

車主從女人手裡接過一百元遞給小孩，小孩搖了搖頭。這時，人群中傳來噓聲，車主只好又加了一百，小孩子還是搖頭。車主生氣了，說：「你嫌少？再嫌，這兩百塊也不給你啦！」

「不，我沒有嫌少。我的老師說過，幫人是不要求報酬的！」

車主聽了不耐煩地說：「那你怎麼還不走？」

小孩認真地回答：「我在等你跟我說謝謝！」

一句簡單的「謝謝」這種基本的禮貌，車主卻一點也不懂！因爲他已經將生活「物化」，認爲所有事，只要用「錢」就能解決，甚至有錢就可以欺負弱小，說話不算話。這是一件可悲的事，因爲對他來說，人生中沒有眞摯的感情、眞心的付出、眞正關懷自己的人。眞正擁有的、代表自己的一切，大概只剩下名片上

的地位和頭銜。

聞名世界的德國音樂大師路易·貝多芬有個弟弟叫約翰·貝多芬。兄弟倆雖然是同一個媽媽所生，個性卻迥然不同。一個是藝術的熱衷者，一個則是愛錢如命的市儈。

一八二三年，約翰在美國發了橫財，並買了一大塊土地。這位自命不凡的富翁便得意地給他的哥哥送上一張名片，炫耀自己的富有。名片上大大地印上「約翰·貝多芬，土地的所有者。」

名片很快就送到貝多芬手裡。大藝術家看到這張名片，對弟弟的富有不屑一顧。他從容地提筆，題上了幾個字：「路易·貝多芬，智力的所有者。」然後，派人將名片送回弟弟那裡。

有人說，人只要一有錢，態度就會變。

有錢人的態度之所以讓人不屑，並非「有錢」所致，而是「有錢」讓他以爲自己就有權利發揮那些潛藏在心中的「惡習」。

「強欺弱」這種觀念一直存在人們的心中，只是以不同的形式表達出來。在這個物質社會裡，擁有較多「生存」條件的人，也擁有優勢。因此，鈔票、資產多的人，所表現出的態度也會較爲強勢。這在弱肉強食的生物競爭中，似乎是很平常的事。

然而，將這些「資產」當作勢力眼、瞧不起別人的利器，自以爲高人一等，該享有特別待遇條件的人，明顯是是個人修爲出了問題。很可惜的是，許多像約翰·貝多芬這類的人不少，以爲「錢」就能代表一切，就應獲得他人的尊敬。殊不知，光是有錢是買不到尊敬的。

「錢」是拿來用的。有些人的錢多、有些人少，但是每個人都該有自己生活的格調和態度。若因爲「錢」而讓自己喪失應有的人格，那麼縱使錢再多，也只是換來「虛情假意」的人生。

沒有方向感的人最容易失敗

我們從小就被教導要走得遠，要爬得高，但卻很少人告訴我們，最重要的是走對方向。

法國科學家巴斯德在《科學家成功的奧秘》裡寫道：「找對方向是很重要的一件事。工作隨著方向走，成功隨著工作而來，這是不變的規律。」

當你爲生活奮鬥，或是遭遇緊急危難的時候，一定要有方向感，才不會讓自己陷入險境，千萬別再像無頭蒼蠅一樣到處亂竄。

世界這麼大，我們也許會不小心迷路，但是卻不能迷失方向。

我們常常可以聽到有人抱怨自己的方向感不好，但是，你知道方向感對一個人來說有多麼重要嗎？

老吳有一次相當驚險的經驗。有一天，他在湖邊散步，大概是看魚看得太出神了，一不小心居然掉進了湖裡。老吳完全不會游泳，在水中載沈載浮，嚇得驚惶失措，於是他一邊掙扎，一邊大聲呼救。

他落水的時候，離岸邊只有一、兩公尺的距離，可是當救援的人趕到，把他從水裡拉出來時，他離湖岸卻已經有幾十公尺遠了。

因為，他太驚慌，只曉得拼命掙扎，但是卻根本沒有考慮應該往哪個方向，要不是救援人員來得快，他可能早已一命嗚呼了，連岸上的人想要拉他一把都沒有辦法。

小張就比較幸運了，他是一位登山的愛好者，有一次，他獨自一個人在山上探險，卻不小心弄丟了他賴以辨別方向的指南針，空蕩蕩的深山裡，他想要憑藉記憶往回走，但卻怎麼也走不出這片山林。

此時的他就像站在一個大圓的中心，只要腳步稍微有一點偏差，那麼便會越

差越多，最後到達的地方更會相差十萬八千里。眼前的處境使他感到驚恐萬分，實在不知道該如何是好。

走著走著，他看見一條小河緩緩地在眼前流過，他仔細想了想，便決定沿著這條河順流而下，河道旁的路雖然比較難走，但是他相信，河水是由上往下流的，入海處一定會在平地，那麼便能幫助他走下山了。

確定目標之後，他不依靠自己似是而非的方向感，而是堅定地沿著河流的方向一步一步往前走，經過幾天的跋涉，他終於平安歸來，成功地走出了這座山林。

我們從小就被教導要走得遠，要爬得高，但卻很少人告訴我們，最重要的是走對方向。因此，我們的目標只有山頂、只有遠方，但是一路上，卻沒人告訴我們怎麼走才是正確的方向？迷失方向時如何才能找到出路？

其實，人生最重要的不是里程數，而是方向感，就好像在水中游泳一樣，你游得再遠，觸目所及仍然是一片汪洋大海；不如選定方向，游到最近的小島上，或許那裡的風景，才能讓你感到特別有收穫。

多思考才能避免上當

要騙人很容易，可是要不被騙卻很難。我們應該對所聽到、看到的事情多加思考，才能避免上當受騙。

塔諾普爾城住著一個名叫費威爾的人。有一天，他正在屋子裡認真地看書，忽然聽到外面一陣吵鬧聲。

他走到窗前，看到一大群孩子在玩，想把他們趕走，於是打開窗子對孩子們說：「孩子們，快到教堂那裡去吧。你們在那兒會看見一隻海怪。牠有五隻腳、三隻眼睛，還有像山羊一般的鬍子，不過是綠色的！」

孩子們一聽這話馬上就跑了，費威爾先生回到書房，一想到剛才對那些對孩

子編的瞎話，不禁偷偷地發笑。

可是不久之後，他短暫的寧靜又被打破了，這回是一陣奔跑的腳步聲。他走到窗前，看見許多人往同一個方向跑。

「你們要跑到哪兒啊？」他大聲地問。

「去教堂！」猶太人回答說，「你沒聽說嗎？那兒有隻海怪，有五隻腳、三隻眼睛，還有像山羊一般的鬍子，不過是綠色的。」

費威爾先生得意地笑了笑，沒想到他亂編的話，竟然連猶太人都相信了，於是他又回去讀自己的書。

才剛剛坐下，又聽到外面一陣喧鬧聲。他往窗外一望，不得了啦，一大群人，男男女女，老老少少，全都往教堂的方向跑。

「出了什麼事？」他大聲問道。

「天哪！怎麼，你還不知道嗎？」他們回答說：「就在教堂前面有一隻海怪。牠有五隻腳、三隻眼睛，還有像山羊一般的鬍子，不過是綠色的！」

人們匆匆跑過，費威爾先生忽然注意到拉比本人也在人群當中。

「天哪！」他喊道：「要是拉比也和他們一塊兒跑的話，一定是真的出什麼事了，畢竟無風不起浪。」

費威爾先生慌忙地抓起帽子離開家門，也跟著跑了起來。

在基督教的《馬可福音》中，「拉比」就是「夫子」，也就是「老師」的意思。這也是爲什麼費威爾會被自己編出來的謊言欺騙的原因。

如果仔細觀察社會案件中，連知識分子都會受騙的詐欺案，往往有幾項特徵，除了最常見的貪小便宜外，就是攀權富貴和以貌取人的心理。

人總希望獲得他人的尊敬，提升自己的地位。因此，認識一個上流社會的名人，就算不能從他身上得到什麼好處，好歹也能將名字拿來撐場面，說些「我認識某某人」之類的話。也因此，有些人很喜歡跟名人合照，然後高掛在辦公室或是家中客廳。

再來，人喜歡以貌取人，只要適當的打扮，談吐上再下些功夫，就可以簡單地將別人唬得一愣一愣。

曾聽過一個阿婆在受騙後說：「他說他在某公司當經理，這樣的人的應該不會騙人吧。」當然，這又是個利用人性的欺騙手段，只要穿著西裝、打上領帶，再隨便說間大公司的名號，就能夠獲得他人尊敬了。

謊言說久了，就會變成眞的，若再加上有力人士的再三保證，簡直無懈可擊。更可怕的是，連說出謊言的人也會被自己催眠，對自己胡說的話也堅信不疑，這或許就是一種自欺欺人吧。

要騙人很容易，可是要不被騙卻很難。我們應該對所聽到、看到的事情多加思考，才能避免上當受騙。

7.
PART

正視問題，才能克服失意

如果我們不能正視問題、
不願努力解決困境，
任憑謊言埋沒自己，
在失意的環境中墮落，
一生就只能活在虛假中。

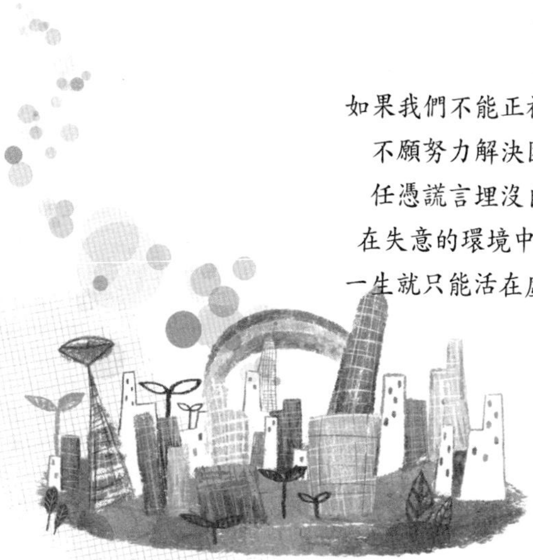

勇於改變才能繼續向前

人生中有許多不變的真理，支持我們前進。如果我們能在這些不變的真理中尋求改變，就能讓自己從中脫穎而出。

在這世界上，沒有一個人不曾受過委屈，就算貴爲一個國家的元首，也有不如己意的時候。

有的人受了委屈，選擇了退縮；有的人則是咬緊牙根忍耐，繼續前進，也因此造就出不同的人生來。

孤兒托馬斯十二歲那年隱瞞了真實年齡，到一家商店的冷飲部門當收銀員。

當商店的經理得知托馬斯還不滿十六歲時，便當場將他解雇了，因為聘用童工是不合法的。

托馬斯刻薄的養父知道後，氣得臉色發青，怒斥道：「你怎麼那麼蠢，讓人家發現你未滿十六歲。你這個豬腦袋是永遠也保不住你的飯碗的！」

這句話深深地印在托馬斯的腦海中，每當他面對挫折和困難時，就會用此提醒、激勵自己更賣力的工作，絕對不能成為養父嘴裡的豬腦袋。

托馬斯三十五歲那年，事業上終於有所成就。他從事的飯店餐館業，不但在社會上有穩定名聲，還讓他成為一個百萬富翁。

一六九九年，托馬斯開了第一家自製漢堡餐館。他選用最新鮮的牛肉為材料，並在顧客點餐時，才現做牛肉餅；出售時才直接從爐子裡拿出熱騰騰、香噴噴的漢堡麵包當主打。

托馬斯的漢堡特別受人歡迎。因為他強調一切現做，新鮮又好吃，而且光顧托馬斯餐館的顧客們還可以根據自己的喜好，選擇各種調味品。

此外，還有專門為孩子們製作的漢堡，不論份量大小及營養度，都是為成長中的孩子特別設計。

這種新穎的經營方式和食品特色，吸引越來越多的顧客，即使點完餐需要稍候一陣子，大家也等得很高興。

深受社會歡迎的「自製漢堡餐館」順應時勢，開起大大小小的分店。據統計，平均三天的時間，托馬斯就新增一家餐館。

很快地，托馬斯的餐館遍佈美國，走向海外。八年後，他擁有第一千家餐館；又三年之後，托馬斯與高采烈地為他的第二千家餐館剪綵。

托馬斯並不因爲養父刻薄的話語，就放棄意自己的人生，反而以此自我激勵，努力向上，這是他成功的第一步。

然而，光是有拼勁是不夠的，還必須找到有效的方法，才能闖出一片天。漢堡在當時已經非常普遍，而且每家店都擁有一定的消費群，若秉持老式販賣方法，所得的也只是和同業共享一塊大餅。

托馬斯在「不變」中尋求「改變」。他改良了漢堡的販賣法式，並讓客戶參

與製作過程。這項貼近人心的做法，果然獲得廣大迴響，不但得到漢堡市場這塊大餅的多數客戶，還開發了許多新客源。有些不吃漢堡的人，也會因爲可以選擇口味而購買。

從未失意過的人絕對無法知道只有努力才能讓自己的人生得意，這就像一個射手，如果從來沒有失過手，也就永遠不能體會那種經過一番努力之後，再度命中目標的成就感。

人生旅程中有許多變動，是我們無法預料的，可是，也有許多不變的眞理，支持我們前進。如果我們能在這些不變的眞理中尋求改變，就能讓自己從不如意的際遇中脫穎而出。

肯磨練自己，就不怕打擊

「樹大招風」，不見得是壞事，只要肯磨練自己、努力紮根，就不怕打擊，反而能藉著風雨的洗刷，讓自己更光彩亮麗。

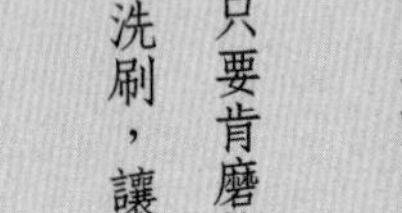

某個週末，小敏和丈夫帶著兒子一起去爬山。走到半山腰時，他們看見一顆高大、挺拔的銀杏樹，它的樹冠幾乎要遮天蔽日。

「樹大了就結石頭嗎？」孩子突然問了一個奇怪的問題。

「樹怎麼可能會結石頭呢？」小敏答。

「那樹上為什麼有石頭？」孩子指了指那顆大銀杏樹。

他們順著孩子的小手看去，果然，一棵大銀杏樹的樹枝上卡滿了小石頭，而且有些石頭已經「長進」了樹裡。

「那是別人扔上去的！」丈夫答。

「別人為什麼不向另外那兩棵樹扔石頭呢？」孩子又問。

他們一瞧，果然，另外兩棵樹上，連一塊石頭也沒有。

丈夫停了下來不解地摸著下巴，小敏也找不出答案。

這時，從山的另一頭走來一個放羊的老人。

「爺爺，為什麼那棵樹上有那麼多石頭？」孩子一看到人就抓著問。

老人摸了摸下小孩的頭：「根杏是特殊的樹，有的結果子，有的不結果子。只有果實累累的大樹，才會被人扔石頭。」

因爲這顆挺拔的銀杏樹會結果子，才會遭人覬覦。這正是所謂的「樹大招風」，樹長得高大時，特別容易受到風吹。

當一個人名聲太大、在團體中過於突出，容易威脅到其他人的生存，因此容易招來嫉妒和毀謗。這也是一種人性心理，自己的利益受到威脅時，最好的方法就是把威脅者趕走。

也因此，老一輩的人常常教導我們，做人要懂得謙虛。這不僅僅是爲人處世之道，更是保護自己的方法。

所以，當我們來到一個新的環境，還沒摸清楚狀況、和大家打成一片、相處融洽之前，別太過張揚。

可是，一個有才幹的人，最終總會嶄露頭角，總不能一輩子「曖曖內含光」吧。當自己樹大而招風時，又該怎麼辦呢？

讓我們來看另一則「樹大招風」的故事：

一場風雨把一棵挺立的白楊樹連根拔起，倒在路旁。白楊茂密、蒼翠的枝葉眼看就要枯萎了，它哭著說：「若不是我長得高大，怎麼會遭到這樣的下場呢？」

土地公公聽了，告訴白楊樹說：「孩子，看看你的左右，比你高大的樹木是不是依然挺立呢？他們經歷了同樣暴風雨的襲擊，卻能安然無恙。可見你倒地的

原因不只是樹大招風，還是根底太淺啊！」

社會上，有許許多多的名人擁有閃耀的光環，同樣遭受流言攻擊，有些人能平安度過，有些人卻傷痕累累。

這是因爲每個人所顯現出來的自我形象都不同，雖然同樣有名氣，有些人就是讓人景仰和尊敬，不受流言蜚語的影響。

當一個「能人」總有讓人眼紅的時候。只要自己的根紮得深，腳站得穩，就不用害怕狂風暴雨的襲擊。

「樹大招風」，不見得是壞事，只要肯磨練自己、努力紮根，就不怕任何打擊，反而能藉著風雨的洗刷，讓自己更光彩亮麗。

束手無策，不如放手去做

面對失意，束手無策時，何不換個角度想想，乾脆放手去做。

在「不綁手綁腳」的情況下，說不定會有個意外的突破。

有一段時間，在政治上受到打擊的邱吉爾整日神情抑鬱、不發一語。全家人看在眼裡，急在心裡，不知該如何安慰他。

當時，邱吉爾的鄰居是位女畫家，家裡常常堆滿了各式各樣的顏料、畫筆、畫布以及一幅又一幅的作品，邱吉爾全家常常有機會欣賞那位鄰居的傑作。後來，在家人的建議下，邱吉爾開始和鄰居學習油畫。

政治舞台上一向敢作敢為政治家的邱吉爾，面對那張乾淨整潔的畫布卻遲疑

了半天，不敢畫下一筆，生怕出了一點差錯，會毀了雪白的畫布。女畫家見了，索性拿起所有的顏料，全部倒在畫布上。

見到她的舉動，邱吉爾起初愣了一下，但是見那畫布已經滿是顏料了，索性拿起畫筆，開始在畫布上任意塗抹起來。就這樣，邱吉爾畫出了他的第一幅作品，雖然不完美，卻是一個很大的突破。

一部電影中，女主角的母親將裝滿各式各樣顏料的氣球綁在畫布上方，然後用飛鏢隨意亂射，讓流下的顏料在畫布上譜出一幅美麗畫面。也有美術老師將墨水裝在針筒裡，利用噴射的方式作畫。

或許有人感到疑惑，這種「不保險」、難以控制的作畫方式，能創造出一幅好作品嗎？這點沒人可以保證，但是可以確定的是，這種有創意，且大膽的做法所呈現的結果，比苦思許久都無法動手，而留下一片空白來得好。因爲，即使不是「完美」，卻是個「開始」。

邱吉爾放開手腳開始畫畫，經過不斷的練習後，終於在畫技上有了明顯的進步。最後，邱吉爾不僅爲畫壇留下大量思維大膽、風格迥異的油畫作品，還恢復了自信，東山再起，在英國甚至全世界的歷史上創造了一番驚人的成績。

有句話說「好的開始是成功的一半」，同樣的，「壞的開始」，難道就不能是成功的一半嗎？

當你買了一台新車時，可能因爲小心呵護過了頭，在顧慮東顧慮西的情況下，無法「盡情」的使用。當有一天，愛車不小心刮了一道傷痕，不再完美無瑕時，你才會「捨得」好好使用、發揮它的用處。反正都有了瑕疵，再多幾道也無所謂，甚至不用擔心小偷覬覦。

這時的你，才能眞正享用這台車帶給自己的方便和樂趣之處。

事情有個「壞的開始」時，帶給多數人的是挫折和打擊，有人甚至放棄，但是對某些人來說，或許是另一個開始。

面對失意，束手無策時，何不換個角度想想，反正再糟也不過如此，乾脆放手去做。在「不綁手綁腳」的情況下，說不定會有個意外的突破。

思想不受限制，才能走出不如意

做事不順利、不如意的時候，就轉個彎，想個別的辦法。只要不給自己太多限制，就能讓生命活得更多彩多姿。

很久很久以前，人類還沒發明鞋子，大家都赤著雙腳走路。

有一天，一位國王到某個偏遠的鄉間旅行，因為路面崎嶇不平，有很多碎石頭，刺得他的腳又痛又痲。回到宮中之後，他下了一道命令：將國內所有道路都鋪上一層牛皮。

他認為這樣做，不只為了自己方便，還可造福他的人民，讓大家走路的時候不再受刺痛之苦。

但即使殺盡國內所有的牛，也籌措不到足夠的皮革，而且所花費的金錢、動用的人力，更是龐大的開銷。這根本是一項難以做到，甚至愚蠢的命令。但是大家都不敢違抗國王，只能搖頭嘆息。

這時，一位聰明的僕人想到一個好主意，大膽地向國王提出建言：「國王啊！為什麼您要勞師動眾，犧牲那麼多頭牛，花費那麼多金錢？何不用兩小片牛皮包住您的腳呢？」

國王聽了很驚訝，但也當下領悟，於是立刻收回成命，改採這個建議。據說，這就是「皮鞋」的由來。

窮則變，變則通。這條路走不通，換條路走就是了。既然無法用牛皮覆蓋全國的土地，就把牛皮包在腳上，踏遍全國土地不也一樣嗎？

我們常常見到許多做事非常認真的人，生活或事業上也小有成就，但是，他們總是無法妥協，不知變通，讓人頭痛。

認真，是一種優點，但是認真過了頭，就會變成固執。偏偏有許多人固執己見，不肯讓自己的腦袋轉個彎，換個想法來面對問題，倘若計劃趕不上變化，就會被時代淘汰。

我們要懂得適時跳出生活的框框，並不是凡事都得照著規定來，在緊急狀況下，也得立即做出判斷和行動。

至於該怎麼變，就看個人功力了。

世界上，被公認為最聰明的猶太人說：「這世界上賣豆子的人應該是最快樂的，因為他們永遠不必擔心豆子賣不出去。」

為什麼呢？

因為，假使豆子賣不完，可以把豆子磨成豆漿。如果豆漿賣不完，可以製成豆腐。豆腐賣不成，變硬了，就當作豆腐干來賣。要是豆腐干賣不出去的話，就把這些豆腐干醃起來，變成豆腐乳。

除此之外，還有另一種選擇：加上水讓豆子發芽，幾天後就可改賣豆芽。豆芽如果賣不完，就讓它長大些，變成豆苗。如果豆苗還是賣不掉，再讓它長大些，移植到花盆裡，當作盆景來賣。如果盆景賣不出去，再把它移植到泥土裡，讓它生長。幾個月後，它結出了許多新豆子，一顆豆子變成了上百顆豆子，想想那是多划算的事啊！

從這個賣豆子的理論中，我們見識到猶太人的過人之處。他們並不給自己太多限制，做事不順利、不如意的時候，就轉個彎，想個別的辦法，因此，可以把豆子做最大的利用，一點也不浪費。

同樣的，我們的人生也可以如此運用，只要不給自己太多限制，就能讓生命活得更多彩多姿。

從零開始，讓人更加奮起

一切從零開始的確是件好事。你沒有任何的負擔、牽掛，就算失去了所有，也只不過是回到起點，從「零」開始。

得失心每個人都有，但是把得失看得太重的人，碰到挫折、失去的同時，很容易一蹶不振，無法接受「失去」的事實，走不出挫敗的陰影，自然沒有重新開始的動力和機會。

五十多年前，一個年輕人從中國隻身來到陌生的國度——馬來西亞。當他站在這片土地上時，口袋裡只剩下五塊錢。

為了生存，他在這片土地上為橡膠園主割過橡膠、為蕉農採過香蕉、為小飯店端過盤子……誰也不沒想到，就是這樣的一個年輕人，五十年後竟然可以成為馬來西亞的一位億萬富翁。

很多人試圖找到他成功的秘訣，但後來發現，他所擁有的機會跟大家都是一樣的。唯一的區別可能是他敢於冒險，可以在賺到十萬塊的時候，把這十萬塊全部投入新行業。在那個動盪的投資環境中，一般人很難做到這點。

馬來西亞首相馬哈蒂爾，也聽過這號人物，在某次機緣下請他幫個忙。當時，馬來西亞有一家國營鋼鐵廠經營不善，虧損高達一．五億元。首相找到他，請他擔任該公司的總裁，並設法挽救該廠。

他爽快地答應了！在別人看來，這是一個錯誤的決定，因為鋼鐵廠積重難返，生產設備落後，員工凝聚力渙散。接管這間工廠，無疑是將自己投入巨大的無底洞中，用再多金錢也無法填平。

可是他卻坦然接受一切，並對媒體說：「當年我來到馬來西亞時，口袋裡只有五塊錢，這個國家助我成功，現在是我報效國家的時候。如果我失敗了，等於

損失了五塊錢。」

年近六旬的他從豪華的別墅裡搬了出來，來到了鋼鐵廠，在一個簡陋的宿舍辦公，只領象徵性的工資，馬來西亞幣一元。

三年過去了，企業轉虧為盈，盈利達一・三億港元，而他也成為東南亞鋼鐵巨頭。他又成功了，贏得讓人心服口服。

面對成功，他笑著說：「我只是撿回了我的五塊錢。」

這位值得敬佩的企業，就是馬來西亞巨亨謝英福，他的創業傳奇被馬來西亞人津津樂道。

有個人在最低潮的時候，向別人抱怨：「我已經一無所有，所有一切都歸零。我的一生完了！」

聽他訴苦的人並沒有安慰他，反而微笑地回答：「歸零？這不是很好嗎？一切可以從零開始！」

是啊！一切從零開始的確是件好事。你沒有任何的負擔、牽掛，就算失去了所有，也只不過是「零」，而不是負號啊！

對謝英福來說，「五塊錢」就是一個「零」，就算失去了全部的家產，也只不過是回到起點，從「零」開始。

因此，他能坦然面對每一個「得」與「失」。得到，就是從「零」開始往上加；失去了，也不過是回到「零」。

或許，我們沒有那些成功人士的豁達，也沒有本錢讓自己一再跌倒，但是我們必須學習這樣的精神，面對每一次挫折的同時，勇敢告訴自己：「一切從零開始，也是一件好事！」

正視問題，才能克服失意

如果我們不能正視問題、不願努力解決困境，任憑謊言埋沒自己，在失意的環境中墮落，一生就只能活在虛假中。

西班牙著名畫家戈雅是個不肯為金錢、地位而出賣人格的人。他多次為上流社會的達官貴人畫像，每次都巧妙地諷刺了他們的荒淫無恥。

有一次，西班牙國王把戈雅召進宮裡，對他說：「你是我國最傑出的畫家，只有你才配替王室貴胄畫像。今天找你來，是要你為我畫一張全家像。畫好後我會重重獎賞你。」

畫完成後，戈雅請國王過目，國王看了大吃一驚：全家十四個人，卻只有六隻手。國王怒氣沖沖地問道：「這些人的手呢？」

「我不知道！」戈雅答道。

國王硬要他添上，他堅持不肯。在他看來，這些王子王孫都是吃軟飯的寄生蟲，只有嘴，沒有手，所以畫上當然找不到那麼多手囉。

又有一次，一個博士請他畫自己的肖像畫。這人是個偽君子，表面上道貌岸然，實際上心狠手辣，不但搶走朋友美貌的妻子，還將朋友殺了。

戈雅不動聲色地替博士畫了像。博士看完後，高興地說：「聽說你很難得為人畫手，這次你竟然將我的兩隻手都畫上了，我真感榮幸。」

戈雅冷笑說：「你知道我為什麼要把你兩隻手都畫上嗎？我就是要讓人們看看你那雙殺人的『兇手』！」

博士聽後大吃一驚，仔細地看了畫上自己的雙手，果然血污隱約可見，頓時氣得臉色發青。

說謊的經驗相信人人都有。多數的人在說謊時，都會有一些小動作出現，比方臉紅、心跳加速、搔頭、抓耳，眼睛不敢直視對方等等，那是因爲欺騙別人時，內心會不安、惶恐，所以才會有那些舉動。

可是，我們欺騙自己時，卻可以臉不紅氣不喘。是因爲對自己說謊就無所謂嗎？其實，這樣的傷害反而是最大的。

對自己說謊，就像鴕鳥碰到危險將頭埋進沙堆一樣，雖然以爲看不見，危險還是存在。如果我們不能正視問題、不願努力解決困境，任憑謊言埋沒自己，在失意的環境中墮落，一生就只能活在虛假中。

國王和博士都屬於「自我欺騙」型，以爲畫中的自己，就是生活中眞正的自己。在社會地位和權勢威脅之下，大概也只有戈雅敢畫出眞正的事實了。

也有許多處在逆境中的小人物不願意欺騙自己，越是處在失意的時候，越是迫使自己盡一切努力，解決問題。

越戰期間，美國一位名叫湯普森的士兵，在一次伏擊戰中，為了使被美軍俘虜的九名越南平民免遭屠殺，竟然掉轉槍口，對準自己的戰友說：「你們開槍，我也開槍！」

湯普森的舉動讓戰友們目瞪口呆。事後，他受到美國軍方嚴密調查。幾十年後，美國一家媒體以「誰是你心中的英雄」為題進行民調。

沒想到被選出的人當中，除了已故的總統林肯、華盛頓等風雲人物，竟然還有這位湯普森，而且票數頗多。

戰爭，常使人蒙蔽了良知的雙眼。戰爭底下常可聽見交戰的國家以「正義」爲名，實則爲了自己的利益而對別人說謊，造成濫殺無辜的悲慘案例。

無論如何，人都不該對自己說謊，就像湯普森沒辦法欺騙自己那群手無寸鐵的村民是擁有致命武器的敵人一樣，因此，他冒著生命危險，選擇挺身而出，阻止這場濫殺無辜的行爲。

這樣的行爲，使原本只是無名小卒的他成爲美國人民心目中的英雄。

支持的聲音最能打進人心

失意時別害怕尋求支持的聲音，不論是內尋或外求，不管是實質或心靈，只要能讓自己重新站起來，就已足夠。

馬克是一個品性不好的人，除了好吃懶做外，還有順手牽羊的惡習。再加上他十分好賭，時常因此而無法過活，得向人借錢。可是等到他一有錢，又跑去賭博不肯還錢。所有的人都很討厭他，也沒有人敢再借錢給他。即使他表示自己借錢是想做個小買賣，重新振作，也沒人願意相信他的話。

在走投無路，沒有人願意接受他，連三餐都成了問題的情況下，他跑去投靠一個遠房親戚，以為她還不知道自己的底細。

遠房親戚看馬克如此潦倒的模樣，趕緊請他進門，並準備了非常豐盛的一餐招待他。馬克在親戚家休息了一晚，也仔細觀察了她家的擺設，打算離開時順手牽羊，帶一些貴重物品去換現金當賭本，看看能不能賺回之前賭輸的錢。

第二天早上，馬克正享受美味的早餐時，親戚突然拿了一千塊給他，並告訴他：「曾有人打電話告訴我，你借錢從來不還，要我小心，千萬別借錢給你，但我相信你不是這樣的人，也許他們對你有所誤解。」

這句話帶給馬克很大的震撼，原來對方早已知道自己的狀況，仍然如此友善的對待自己。他拒絕了親戚借給他的一千塊，只拿了她準備給自己的乾糧，說了一聲「再見」就走了。

馬克離開了家鄉，到外地打拼。過了半年，那名幫助過他的親戚，在聖誕節收到馬克寄來的一份精美禮物，和一隻又肥又大的火雞。三年後，馬克衣錦還鄉，把從前欠的錢全部還清了。因為那位親戚的善意，讓他知道自己的人生還有希望，他要努力重新獲得他人對他的信任，再也不做個騙子了。

對馬克來說，最珍貴的不是親戚願意借錢給他，而是對他人格的信任。因爲這個堅定的支持，讓馬克的人生從此改變。

一個失意的人，最需要的就是得到一句誠懇且溫柔的話語。可是，我們總習慣「教導」別人「最正確」的做法，忽略了對方內心最需要的呵護、關懷。該怎麼做才是「最正確的」，相信他自己心裡也知道。可是他的情緒是沮喪、鬱悶的，就算能接受他人的建議，也不一定能實行它。還不如靜靜陪在他身邊，給些溫暖的安慰。

有個人能在背後支持自己、關心，就能讓自己更有勇氣跳脫傷痛，繼續努力，往夢想前進。當我們感到生活壓力，情緒低落時，不妨想想那些支持自己的人，不管是父母、手足，還是朋友，相信無論如何，都有他們作爲堅強的後盾、安全的避風港，這麼一想，就能帶給自己力量和勇氣。

失意時別害怕尋求「支持」的聲音，不論是「內尋」或「外求」，不管是實質或心靈，只要能讓自己重新站起來，就已足夠。

多點忍耐，成功才會來

在我們還沒有能力獨當一面時，就得多一點忍耐。即使當下感到委屈，也別太難過，只要熬久了，就能找到自己的天空。

有個實習生曾抱怨帶領自己的前輩為人懶散，無心於事。能力不錯的他，因為前輩的「拖累」，綜合評比成績不佳，讓原可很快嶄露頭角的他，遲遲未受到上級重視。有個和自己同期進入公司的實習生，早就連升三級了。這件事讓他忿忿不平，又無可奈何。

可是，突來的一件事，卻讓他「感激」起這個懶散的前輩。表現優良、連升三級的實習生被迫「辭職」了。

原來，他所處的機關是個資歷重於能力的機構。年資長的前輩才有資格「大

聲」說話，新進職員那麼快嶄露頭角，幾乎功高蓋主，不為他們所接受，自然被「請」出公司。了解這樣情況的實習生，從此更加謹言慎行，默默努力往上爬。後來，終於受到同事的肯定和信任。

或許你會說，這個實習生既倒楣又可憐，爲什麼不換一間可以讓自己大展長才的公司呢？的確，這也是一條路。

可是，現實社會裡，諸如此類的事情比比皆是。身爲社會「新鮮人」，能選擇的條件並不多，只能珍惜現有磨練的機會。等到準備充分，一切就緒時，自然能找出一條最適合自己的道路。

人類爲了某種利益而形成的「互助」關係，大自然也無時無刻都在上演這類環環相扣的互助生態。

寄居蟹的模樣既像蝦又像蟹，頭胸部長著螯足，身上披著甲，背上還背著個螺殼，常在淺海的岩石上爬來爬去。螺殼是牠的「住宅」，但這個「住宅」的主

人原是海螺。寄居蟹向海螺進攻，把牠弄死、撕碎，再將自己的腹部鑽進殼內，盤屈在裡邊。就這樣，寄居蟹強佔了別人的「住宅」。

這種寄居別人「住宅」裡的寄居蟹，還寄居了另一個「房客」——海葵。海葵身上長著多刺細胞，觸手有裝滿毒汁的泡囊，裡面還有帶刺的絲狀體圈，遇到敵害來臨，就從裡面射出毒汁來。寄居蟹和海葵親密無間，同出同游，牠背馱著螺殼，荷著行動困難的海葵，四出覓食的同時，也幫助海葵尋找食物。海葵那副怪模樣，也隱藏和保護了寄居蟹。當寄居蟹長大，「舊居」待不下的時候，海葵就分泌一種特殊物質，幫助寄居蟹「擴建」房子。

雖然寄居蟹是個搶奪他人「房子」白住房的強盜，但我們不得不說牠很聰明，懂得自然界的生存原理，「互取所需」的互助之道。雖然牠必須背負著海葵覓食，但海葵也給了牠幫助和保護。

同樣的，在我們還沒有能力獨當一面時，就得多一點忍耐。即使當下感到委屈，也別太難過，只要熬久了，就能找到自己的天空。

8.

PART

勇敢築夢，就一定會成功

只要你願意相信、願意嘗試，
就算是壞的開始，也是成功的一半。
相信自己的「夢想」，
並不是一件可恥的事。
糟糕的是，最你讓它永遠只是個「夢」，
不肯正視它。

遺忘，就是苦難最好的解藥

記性有時是一種負擔，記得越多越沒有辦法放開，忘了自己，
你才能擁抱世界，才能發現這個世界更多的美好。

時時提醒自己的不幸，就像拿一面放大鏡對著傷口一樣，不但對傷口完全沒有幫助，反而會讓你感覺更痛，不如忘了它吧！

只要你轉移了注意力，它就會不知不覺地消逝。

有一個生長在富裕人家的小女孩，集三千寵愛於一身，可說是要風得風、要雨得雨，是個名副其實含著金湯匙出生的幸運兒。

然而，就在小女孩三歲那年，突然得了一種奇怪的癱瘓症，訪遍名醫也束手無策，而她的雙腿也就這麼失去了走路的能力。

這麼小的年紀就註定要一輩子坐輪椅，這對父母親來說是多麼沈重的打擊啊！因此，他們對小女孩更是加倍呵護，設法滿足她的每一個願望。

有一次，小女孩和家人一起乘船出海旅行，船長的太太為了逗孩子開心，告訴她船長室有一隻天堂鳥，色彩斑爛，曲線非常漂亮。小女孩聽了，立刻被這隻小鳥吸引了，直嚷著要親眼去看一看。

於是，褓姆把小女孩留在甲板上，自己先去找尋船長室的位置。

小女孩在甲板上等了一會兒，實在耐不住性子，於是便請求船上的服務生帶她去看那隻美麗的天堂鳥，生怕自己遲了一下子，那隻可愛的小鳥就會飛走了。

服務生並不知道小女孩的腿不能走路，牽著她的小手便開始往船長室的方向走。但是，奇蹟發生了！小女孩滿腦子只想著她的天堂鳥，竟忘了自己的不能走路，她只顧拉住服務生的手，一步步慢慢地走了起來，內心的渴望使她忘了雙腿的疼痛，她的癱瘓症從此不藥而癒，連醫生也解釋不出究竟是何原因。

有了童年時戰勝病痛的經歷，小女孩長大後，無論做任何事都全心投入，比一般人還要認真。她埋首於文學，用盡所有的心力創作，日後更成為第一位榮獲諾貝爾文學獎的女性，她就是瑞典的名作家西爾瑪．拉格羅芙。

很神奇的故事，不是嗎？但是，它確確實實地發生了，似乎告訴著我們，一個人倘使能達到「忘我」的境界，生活中許許多多的悲、恨、愁、苦，都會迎刃而解。

如果疾病不能治癒，痛苦不能平復，事實也無法改變的話，那麼就設法轉移注意力，忘了它吧！遺忘是最好的解藥。

某個人傷害了你，你恨不得狠狠地咬他一口，但是，事實上你根本拿他沒辦法，與其讓自己氣得牙癢癢的，皺紋倍速增長，不如忘了他吧！

遺忘，才是對一個人最無情的懲罰。記性有時是一種負擔，記得越多越沒有辦法放開，只有忘了自己經歷過的苦痛，把心力花在自己鍾情的事物上，你才能擁抱世界，才能發現這個世界更多的美好。

處於順境，更要保持平常心

當我們處於順境時，更該注意自己的行為，隨時警惕自己把每一個腳步走得更踏實，並利用順境好好發展自己。

有句話說：「平坦的路面，反而要注意避免跌跤。」

會溺水的人，往往都會游泳，就是因爲會游泳，反而大意，沒注意安全。雨天騎車，我們會放慢速度，提醒自己更加小心，相反的，天氣好時，心情鬆懈之下，反而容易出車禍。

小孔非常喜歡買彩券，他每期必定下注，時間一到就準時對獎，毫無遺漏之

處，甚至把每期的中獎號碼都列印下來，認真地揣摩和研究。但是，小孔的運氣總是欠佳，只得過幾次小獎，卻得破費請大夥兒去吃宵夜。

在彩券開獎的某一天，同事阿文突發奇想，想讓小孔請大家上館子。幾個同事交頭商量後，一個人到小孔的位置上找出他買的彩券號碼，再拿來當日的晚報，請手巧的女同事將列印出的號碼小心翼翼地黏在報紙上，蓋住原來的中獎號碼，然後複印了一份，放在小孔的辦公桌上。

不一會兒，小孔吹著口哨走進公司。

他漫不經心地拿起那張複印紙，幾秒鐘後，呼吸明顯急促，臉色緋紅，顯然是在努力抑制自己激動的情緒。他揉了揉眼睛，又仔細核對著上面的數字，突然仰天大笑：「哈，哈，哈！」

大家立刻有志一同地圍過來問他發生了什麼事。他從座位上站起來，大聲說道：「真是老天有眼，讓我中了百萬大獎啦！」

眾人立刻七嘴八舌地向小孔道喜，阿文趁機說：「小孔，你真是時來運轉啊，是不是該請客啦！」

小孔手一揮，爽快地說：「小意思！今晚不去路邊攤啦，咱們上館子去。大家來個不醉不歸！」

看著小孔得意的樣子，大家都忍不住竊笑。

這時剛好經理走進來，看到嬉鬧的情形就大發雷霆罵道：「老遠就聽你們吵吵嚷嚷，成何體統啊？是不是不想幹啦？小心開除你們！」

大家趕緊溜回自己的座位，只有小孔還站在原地不動。不知哪來的勇氣，他突然指著經理的鼻子大聲叫道：「你神氣什麼？這家破公司我早就不想幹了。不用你開除我，我馬上辭職！」

小孔神氣十足地摔門而去……

小孔之後的際遇，相信大家心裡都有數。

一直以來都存在的彩券，在這幾年更加盛行，關於「彩券」、「樂透」中獎者的心情和遭遇的電影、電視節目愈來愈多，其中的劇情內容和寓意，都不忘提醒大家：「得意不可忘形。」

中獎原本是件開心的事，爲何最後「樂極生悲」的人卻那麼多，就是因爲無法用「平常心」來面對這樣「天外一筆」。

人在喜悅的時候，走路往往「輕飄飄」，忽略了要注意前方路面有沒有障礙物。因此，當我們處於順境之時，更應該注意自己的行爲，隨時警惕自己注意安全、力求上進。

這並非杞人憂天、緊張過度，而是讓走在平坦路上的我們，把每一個腳步走得更踏實，並利用順境，好好發展自己。

能在順境中保持平常心的人，成功就不會離他遠去。

面對壞情緒，記得給自己鼓勵

當你感到壓力來臨時，不妨靜下來幾分鐘，把你要面對的工作分成一小段、一小段，每完成一段，就給自己一個鼓勵。

蘭迪曾經對妻子沙倫說過一句饒富深意的話：「道路和人一樣也有個性，端看妳如何看待它，感覺它。」

擔任中學籃球教練，同時也是一位馬拉松運動員的蘭迪，卻在執教二十五年時得了癌症。為了蘭迪的化療，他們有長達四年的時間必須時常往返於家與史丹福大學醫療中心一百五十公里的路程。

去醫院必須經過一條讓人難以忍受的路面，沙倫尤其討厭那段擁擠不堪的瓶頸式雙車道，可是蘭迪從來沒有抱怨過，即使他的健康狀況每況愈下。沙倫別無選擇，只能繼續來回這條道路，每當丈夫被注射嗎啡睡在車上時，她總是緊咬牙關，死死握著方向盤，肺都快氣炸了。

有一次，他們又被堵在路上，沙倫以為蘭迪已經睡著了，低聲咕噥：「我恨這條該死的路。」

「只有六公里。」蘭迪輕聲說道。

沙倫轉過身去看蘭迪，但他的眼睛卻是閉著的。

「你剛剛說什麼？」沙倫問道。

「這段路只有六公里長。」他的聲音很平靜，好像在對學生說話一樣循循善誘，「沒什麼大不了的。在這六公里路程裡，妳可以做任何事。」

沙倫看了一下里程錶，蘭迪說得對，路程只有六公里，她卻一直相信它足足有三十公里。頓時，沙倫突然覺得開起車輕鬆多了。

六公里是可以接受的。這是他們晚上步行到海邊往返的距離，是背著孩子攀登的那條山路長度的一半，是到公園的四倍距離，是在大瑟爾國際馬拉松賽上跑過的四十二公里中的一小段。

六公里真的沒什麼，尤其是蘭迪的生命只剩幾個月的時候，牢騷和憤怒真是不明智的事，所以，她停止了抱怨。

去醫院的路上，大多數時間沙倫只注意到厭惡的感覺。這次，她開始真正用眼睛去看：綠色的田野在太陽下閃爍，道路兩旁擺放著成筐的草莓和玫瑰，破舊的小屋倒映在佈滿水藻綠的池塘裡，一匹不再也不能自由馳騁的老白馬羨慕地注視著大道上汽車飛馳而去。

即將失去最愛的人的確讓人心碎，也因爲這樣，人的情緒更容易處於混亂之中。可是，蘭迪卻能平靜面對自己的病，並教導沙倫，這個世界上還有許多美好的事物，只要她能調整自己的心態，重新看待。

當壓力來臨時，都會有警訊出現。我們的心會感到浮躁，看什麼都不順眼，甚至容易挑別人的毛病。

這時候的自己就像一隻刺蝟，令人難以靠近，還會「防禦性」地傷人，特別容易與人發生爭執，微不足道的小事都會變成頭條新聞。就像沙倫會將六公里的路程看成三十公里，是因爲她的心早已被一堆瑣事混亂了。直到蘭迪提醒了她，才讓她眞正打開心靈的眼睛，注意到自己陷入情緒的漩渦中。

造成情緒低落的原因通常不只一種，而且是長期累積而來，或許我們無法一次將它紓解，但是可以一段一段調整。就像沙倫重新看待這段難熬的路程，把它視爲生活中的一小段路，就會發現其實它並沒有想像中痛苦。

從今天起，當你感到壓力來臨、情緒浮動的警訊時，不妨靜下來幾分鐘，把你要面對的工作分成一小段、一小段，每完成一段，就給自己一個鼓勵。相信這樣可以幫助你面對混亂的情緒和工作狀況。

勇敢築夢，就一定會成功

相信自己的「夢想」，並不是一件可恥的事。糟糕的是，最你讓它永遠只是個「夢」，不肯正視它。

他是一位匈牙利木材商的兒子，由於從小反應就非常遲鈍，因此認識他的人都喊他「木頭」。

十二歲的時候，他做了一個夢，夢到有個國王頒獎給他，因為他寫的字被「諾貝爾」看上了。當時，他很想把這個夢告訴別人，又害怕會被嘲笑，最後他只敢告訴他的母親。

母親聽完後對他說：「假若這個夢屬於你，你就會有所成就！我曾聽說，當上帝把一個美好的夢想放在誰心中時，他是真心想幫助那個人完成的。」

男孩相信母親的話，從此，他開始喜歡上寫作。

「倘若我禁得起考驗，上帝就會時時刻刻幫助我！」他懷著這份信念開始了他的寫作生涯。

三年過去了，上帝沒有來；又三年過去了，上帝還是沒有來。

就在他期盼上帝前來幫助他的時候，希特勒的部隊先來了。猶太人出身的他，馬上被送進了集中營。

在那裡，六百萬人失去了生命，他則僥倖活了下來。一九六五年，他終於寫出他的第一部小說《無法選擇的命運》，一九七五年，他又寫出他的第二部小說《退稿》，接著又寫出一系列的作品。

就在他不再關心上帝是否會幫助他時，瑞典皇家學院宣佈：二〇〇二年的諾貝爾文學獎得主是匈牙利作家凱爾泰斯．伊姆雷。他聽到後，大吃一驚，因為這正是他的名字。

人們請這位名不見經傳的作家談談獲獎的感受，他答覆說：「沒有什麼感受。

我只知道，當你說『我就喜歡做這件事，多困難我都不在乎』之時，上帝會抽出身來幫助你。」

生活中總是充滿許許多多由「不可能」轉變成「可能」的事。加拿大一名男子用一根迴紋針，一年以來十四次的交易，爲他換來一棟一千一百平方英尺的房子；出生於台灣的陳士駿，身爲網路影音分享網站You Tube其中一位創辦人，受到Google賞識，以十六億美元買下了該網站。

「你在做夢」這句話，再也不是一句嘲弄，只要你願意相信、願意嘗試，就算是壞的開始，也是成功的一半。

有個女孩從小就希望能在音樂路上發光發熱，但是她的父親並不認同，認爲她最多只能當個學校音樂老師。當她提出想要出國深造的請求時，他父親大罵她：「妳在做夢！」

最後，她還是想盡辦法出國了，並以優異的成績，獲得高額獎學金。她眞的在做夢，而且勇於將她的夢付諸實現。

相信自己的「夢想」，並不是一件可恥的事。糟糕的是，最你讓它永遠只是個「夢」，不肯正視它。

當我們能面對自己的夢想時，就能努力朝著夢想走，不管最後結果如何，我們都走在「實行」的路上。

要堅信，「只要你願意，上帝就會抽身來幫你」！只要你願意，催促讓自己邁向成功的力量就會由此而生。

不管高潮低潮，都要把角色演好

每個人的生命歷程都不可能盡善盡美，人生必然有高潮也有低潮，我們只能盡力扮演好自己的角色。

北魏的皇族中，有個名叫可悉陵的人，身材高大、魁梧強壯，性格勇敢堅毅，又練得一身好武藝，是一個難得的人才，很受皇室器重。

可悉陵十七歲那一年，北魏皇帝拓跋燾帶著他一塊到山林裡去打獵。他們一行人個個都本領高強，善使弓箭，勇猛無比，打起獵來更是不在話下。不到半天，他們就捕獲了許多野兔、鹿、山雞等野味。大家帶著獵物說說笑笑、誇耀自己打獵的成果，踏上回程的路。

當大家聊天正在興頭上時，忽然有人察覺旁邊的樹叢有異樣，接著草叢傳出「沙沙」聲，好像有什麼動物在快速行走。

就在猶疑間，一隻白額猛虎突然竄了出來，大吼一聲，把大家嚇出一身冷汗。這時，只聽一個人大喊道：「保護皇上，看我的！」話還沒說完，人已到了老虎跟前，大家定睛一看，原來就是可悉陵。

可悉陵什麼武器也沒拿，赤手空拳地和老虎搏鬥起來。老虎的尾巴用力一甩，眼看就要掃到可悉陵身上，可悉陵靈巧地閃躲開了。

大家回過神來，彎弓搭箭想要幫可悉陵的忙，可悉陵卻喊道：「請大家別插手，我一個人就可以了！」

大夥兒只好眼睜睜地看著可悉陵和老虎周旋，心裡暗暗為他捏一把冷汗。

可悉陵躲過老虎多次兇猛的攻擊，最後抓準機會跳到老虎背上，抬起拳頭朝老虎的頭窮捶猛打。

也不知打了多少拳，直到可悉陵累得不行了，才發現老虎已經七竅流血死了。隨即，可悉陵把這頭老虎獻給了拓跋燾。

拓跋燾不但沒有稱讚他，反而說道：「我們本來有機會逃走，不跟老虎糾纏；就算走不了，大家一起上，也可以輕而易舉地將老虎擒住，你偏要徒手和老虎單打獨鬥！你的勇敢和膽識確實超人一等，但應該用來造福國家，而不是浪費在這種不必要的搏鬥上。要是發生意外，不是太可惜了嗎？」

可悉陵的確勇猛無比，但是拓跋燾的話卻點出了眞正的隱憂：他太過於強調自己的角色了。

我們在社會上都有屬於自己的角色，可能是政治家、經理、店員、學生……每個人都應該盡力扮演好自己的角色，然而，卻有些人被名片上的「頭銜」限制住，爲了鞏固「身分」，專做一些不該做的事。

就像可悉陵雖然是個人才，在受皇室器重、人們推崇的情況下，過於在乎自己的身分而力求表現。本來這也不是一件壞事，但是拼命表現，卻讓自己陷入不必要的險境，只不過是逞匹夫之勇。

現實生活中，有生意失敗的大老闆，不留戀過去的身分地位，從路邊攤開始做起，終於再次成功；也有大老闆淪爲收費員，卻無法接受這樣的改變，終日臭著一張臉工作的案例。

每個人的生命歷程都不可能盡善盡美，人生必然有高潮也有低潮，我們只能盡力扮演好自己的角色。

萬一有一天，自己的「角色」改變，「身分」不同時，也要能屈能伸，繼續過好自己的生活。

平心靜氣才能解決問題

當我們面對爭吵的時候，若無法用「平靜」的心情看待，「和事佬」反而容易成為火上加油的人，介入爭吵之中。

當我們面對爭吵的時候，即使自己不是當事人，也很容易陷入情緒緊繃之中。因爲，我們一直想著「該怎麼做」，才能回復平和氣氛。

一旦自己無法用「平靜」的心情看待，「和事佬」反而容易成爲火上加油的人，介入爭吵之中。

在北京一輛公車上，有一個年輕人身旁放著幾個大包，手裡拿著一張地圖認真地研究著，眼裡不時露出疑惑的神色。當時，車上的乘客並不多，但也沒有空位，還有幾個人站著，拉著手把晃來晃去。

年輕人猶豫了半天，才很不好意思地問旁邊的人：「請問，去頤和園應該在哪兒下車啊？」

被問的是位年輕女孩，抬頭看了一眼，回答說：「你坐錯方向了，應該到對面往回坐。」說完就低下頭繼續修她的指甲。

突然，她又抬頭說：「地圖看了那麼久還看不懂，看過癮的啊！」

年輕人愣了一下，心想是自己求助於人，只好乾笑著不說什麼。這時，旁邊有一位老先生可聽不下去，對年輕人說：「你不用往回坐，再往前坐四站換九〇四號公車也能到。」

要是他說到這兒就結束，倒還不錯，既幫助了別人，也挽回北京人的形象。可是他又加了一句：「現在的年輕人哪，沒一個有教養的！」

站在老先生旁邊的一位小姐聽了有點不滿，就說：「老先生，您不能說年輕人都沒教養吧，這畢竟是少數嘛！」接著又說：「就像您這樣上了年紀看起來挺慈祥的老人家，不也有很多不做好事的？」

可想而知，車上幾位老人家聽了，馬上指責起那位小姐。就這樣，整車的人吵了起來，有罵售票員的、罵年輕人的，也有罵那位小姐的，罵天氣的……

一路上鬧哄哄的車終於到站了，大家卻不下車還在爭吵。

年輕人看著這個場景，一句話也沒說，最後他實在受不了了，大叫道：「別吵了！都是我的錯，我自己沒看好地圖，讓大家跟著生一肚子氣！大家就算給我面子，都別吵了行嗎？」

聽到他這麼說，車上的人都感到不好意思，聲音很快平息下來。

當乘客準備下車時，沒想到這個年輕人說了一句話：「早知道北京人都是這麼一群不講理的王八蛋，我就不來了！」

「你有壓力，我也有壓力」，這句話來自以前在網路上廣爲流傳的香港巴士大叔的經典名言。

一個年輕人搭巴士時，因爲「提醒」坐在前面的大叔講手機小聲點，換來近六分鐘的「談話」。

雖然很多人認爲巴士大叔的話非常有理，但是要求和解的他卻又粗話連連、得理不饒人，年輕人也在握手和解後又冒出「警告」的話……

「多說一句話」，眞的會挽回自己的尊嚴，逞得一時之快嗎？還是會讓紛爭不斷下去，惹來禍端呢？就像故事中，在車上的幾位「不平者」如果都能少說一句話，氣氛也不會那麼尷尬了。

在每個人都有壓力的社會裡，我們沒辦法阻止爭執發生，就像同事間有心結、夫妻間有口角、兄弟姊妹之間會爲小事爭吵一樣，這些在日常生活中時時可見。眞正解決的方式，並不是用「權力」、「年紀」、「高姿態」來「指導」別人，而是樹立自己的好典範，讓別人學習。

過度關注反而容易犯錯

我們都不是「聖人」，面對壓力、挫折，必定會恐懼、擔憂。當思緒過於著重在情緒上時，反而更容易出差錯。

所謂「有心栽花花不開，無心插柳柳成蔭」，想必很多人都有共同的經驗，萬全準備下完成的成果，卻不及隨手做出來的成績。

這不代表不用努力就有好成果，而是說明「太過努力」反而會弄巧成拙，有時候事情就該讓它自然發展、輕鬆面對。

從前，在一個鐵礦山上，有一個小礦工被派去買油。離開前，礦裡的廚師交給他一個大碗，嚴厲地警告：「你一定要小心，我們最近財務狀況不太好，絕對不可以把油灑出來。」

小礦工答應後就下山進城去，到廚師指定的店裡買油。在回程路上，想到廚師兇惡的表情及嚴重的告誡，小礦工小心翼翼地端著裝滿油的大碗，一步一步地走在山路上，絲毫不敢左顧右盼。

很不幸的是，就在他在快到廚房門口時，因為一直盯著大碗，沒注意地上的坑洞，一腳踩了進去，雖然沒有摔跤，卻灑掉三分之一的油。

小礦工非常懊惱，緊張得手開始發抖，無法把碗端穩。等到他走進廚房時，碗中的油只剩一半了。

廚師拿到油時，當然非常生氣，指著小礦工大罵：「你這個笨蛋！我不是說過要小心嗎？為什麼還是浪費這麼多油，真是氣死我了！」

小礦工聽了很難過，掉下眼淚，認為自己一點用也沒有，連件小事也辦不好。一位老礦工了解事情的經過以後，先去安撫廚師的情緒，並私下對小礦工說：「你再去買一次油。但這次你在回程途中，必須留意身邊的人、事、物，並且將觀察結果對我做個報告。」

小礦工聽了馬上搖頭拒絕，強調自己連油都端不好，更不用說還要邊走邊看風景。但是在老礦工的堅持下，他只有勉強上路了。

在回來的途中，小礦工照著老礦工的叮嚀，開始留意周遭景色。這時他才發現，路上的風景真是美，遠方看得到雄偉的山峰，又有農夫在梯田上耕種，還有一群小孩子在路邊的空地上玩得很開心，樹下坐著兩位老先生正在下棋。

這樣走走看看之餘，他不知不覺就回到礦山上了。當小礦工把油交給廚師時，發現碗裡的油滿滿的，一滴也沒有損失。

我們都不是「聖人」，面對壓力、挫折，必定會恐懼、擔憂。當思緒過於著重在情緒上時，反而更容易出差錯。

這是因爲，我們希望自己能「一滴不漏」，不管在工作上、感情裡、人際關係中、婚姻之路等等都是如此。

因此，我們找出各式各樣的方法鞭策自己和他人，一旦事情不如預期，便「揠苗助長」，想將一切調回正軌，父母急於對子女說教、老公急於爲錯誤辯解、員工耐不住衝動對老闆攤牌……

這些讓腎上腺激素倍增的「努力」，不能像火災現場般實用，反而容易讓事情一發不可收拾。因爲太過努力，你的雙手會發顫、大腦會打結、嘴巴不受控制；因爲太過努力，原本再過幾分鐘就能悶熟的「美食」，卻因爲頻頻打開鍋蓋查看，失去了該有的風味。

該努力，更該讓事情自然發展。過度的關注，反而會事倍功半。

一開始的表現不代表日後的轉變

有人說：「賠本的生意沒人做。」歷史上很多奸臣賊子，也都是靠好幾年的「良好表現」熬出頭後，才露出真面目。

電視上有一則這樣的廣告，台灣人拿出檳榔、珍奶、香蕉等各式各樣產品，想和日本廚師交換湯頭的秘方，都被無情拒絕，直到拿出了「藥膏貼布」，才讓日本廚師點頭。

這則傳神地描繪「祖傳秘方」、「商業機密」不論對企業或個人來說是多麼珍貴，又有多少人想竊取。

十九世紀中葉，英國資本主義工業發展得很快，「棉紡」就是其中之一。當時，布拉澤公司的紡織品銷售到世界各地，引起日本同行的注意。

布拉澤公司位於一條熱鬧的大街旁。每到中午，公司的職員都會到對面一家館子吃午飯。因為是街上唯一的餐館，儘管價格高昂，每天還是顧客滿盈。

不久，這家餐館附近又開了一家餐館，從老闆到員工都是日本人，不僅價格便宜，而且味道鮮美，服務態度更是極佳。時間一久，連守舊的英國人也開始到日本人的餐館用餐，有時忘了帶錢，還可以先賒帳，而且受到同樣熱情的招待。久而久之，人緣極好的餐館生意非常興隆。

幾年後的某一天，這家餐館突然倒閉，理由是價格低廉、成本過高造成虧損，甚至傳出餐館老闆和員工「沒旅費回國」的消息。

平時受到日本餐廳照顧的職員對他們的處境格外同情，極力推薦公司聘用他們。起初，公司相當謹慎，但是經過職員們屢次擔保，最後終於答應。公司規定，所有日本人只許在廠外做粗裝工，如推筒管、運袋皮、裝紗等。

經過一段時期的觀察，管理者認為這些日本人忠實可靠，工作又賣力，並無

任何可疑之處，再加上往日的「交情」，戒心就慢慢消除了。不久之後，這些日本人不僅能自由地進入各廠，有些還被安排到技術部門工作。

可是，公司做夢也沒想到，這家日本餐館的所有員工都是日本第一流的紡織專家。他們一邊默默地工作，一邊把英國紡織機的先進設備、結構及作用等，都牢牢記在心裡。

幾年後，日本人聲稱已存夠錢準備回家，順利辦好出國護照，啟程返回日本。回國後，他們經過幾年的研發奮鬥，設計出一套相當先進的紡織機械。從此，日本的紡織工業大大跨進一步。

雖然日本人所用的手段未必光明，但是他們爲了得到紡織技術，付出時間、勞力及精神，實在讓人佩服。

前陣子也有一個新聞，美國兩名男子偷了可口可樂的配方，想把它以一百五十萬美元的代價賣給百事可樂，結果被判刑十年，還要罰款二十五萬美元。說明了現代人追求速度、效率而尋找旁門左道，最好能不勞而獲的情況愈來愈多。要一個人花上好幾年時間，從開餐館、當粗工，到進入技術部門求得知識的可能性近乎於零。

在感嘆日本人的精神之際，我們必須回過頭注意一個問題：可以不計成本好幾年，甚至連回家的旅費都沒有的生意人，背後動機相當可疑。

有人說：「賠本的生意沒人做。」

這句話或許不是絕對，但多數來說是適用的。

歷史上很多奸臣賊子，也都是靠好幾年的「良好表現」熬出頭後，才露出眞面目。這些例子並不是要我們時時提防別人、把人人當賊，只是讓自己多一點警戒心罷了。

9. PART

不怕犯錯，只怕不做

人都不免會犯錯，
倘若因為害怕犯錯，
讓自己做事綁手綁腳，
便永遠無法突破現狀，
因為這樣的人沒有「冒險」的勇氣。

不怕犯錯，只怕不做

人都不免會犯錯，倘若因為害怕犯錯，讓自己做事綁手綁腳，便永遠無法突破現狀，因為這樣的沒有「冒險」的勇氣。

人都不免會犯錯，倘若因爲害怕犯錯，讓自己做事綁手綁腳，便永遠無法突破現狀。因爲，這樣的人沒有「冒險」的勇氣，更不用說替自己製造「機會」，尋求成功的道路了。

小張在美國拿到碩士學位後，應徵到一份不錯的工作。公司的業務蒸蒸日上，正迅速拓展，在良好的工作環境中，不但報酬佳，升遷的機會也多。先前擔任他

這個職位的兩位美國佬，都已先後加薪升官，獨當一面去了。

一個異鄉人，能得到這麼好的工作，讓小張更是萬事小心。一年很快過去了，他並沒在工作上出任何差錯。

年終老闆召見小張，他心中不由漾起希望：「被提拔的兩位同仁，做滿一年，或多或少犯了幾件錯，而我……」

推開門，老闆的笑容顯得分外親切。

「張先生，你這一年的工作情形很好……」老闆瞄了下桌上的人事報告，頓了頓，調整一下語氣：「不過，公司要緊縮人事，這是件很不得已的事，想必你能諒解。依照規定，你可以領三個月的遣散費，相信你很快就會找到更好、更合適的工作。」

小張因這突如其來的震撼呆住了，不知所措的他還懷疑自己聽錯了話。

停了好一陣，他終於提起勇氣反問道：「您的意思是說，我被開除了？我犯了什麼錯？還是……」說著說著小張的語氣不由得激動起來：「還是因為我是華人，所以被歧視？」

「歧視」在強調保障工作機會平等的美國社會，是一項嚴重的控訴，老闆不得不重視這個問題。

「張先生，請不要激動。公司從幾百封應徵函裡選中了你，可見我們對華人絕對沒有歧視的意思。你確實沒犯什麼過錯。而事實上，就是因為沒有犯錯，公司才這麼做。你知道，公司正在大力推展業務，需要獨當一面的人才。公司對於你的訓練、你的學識都算滿意，但是對於你做事的方式不能接受。」

「我們都知道，人就是人，不是神。人都不能免於犯錯。不犯錯的人只有兩種人：一種人不做不錯，只知道在現成的路上跟著別人走，有錯也讓別人犯，這種人或許不會犯錯，但也不會從嘗試、錯誤中求進步。另一種人不是不犯錯，而是犯了錯，都隱藏得很好，甚至強辯那不是錯。不管是哪一種『不犯錯的人』，都不是公司需要的。」

世上的確沒有「不犯錯的人」，只有「選擇」不犯錯的人。故事中老闆這段涵義十足的話，讓筆者想起生平第一場畢業旅行，就是在這種「選擇不犯錯」的

人的手下，永遠成爲遺憾。

當時還是個小學生的筆者，畢業那年剛好校長也準備要卸任，或許是怕退休前出事，影響自己的退休金，便以「安全」問題爲由，取消了每年都會舉辦的「畢業旅行」。於是，我們這屆的畢業生，成爲前無古人、後無來者，唯一沒有「畢業旅行」的一屆。

「犯錯」並不可恥，糟糕的是，不肯正視自己的錯誤。

有些人選擇找藉口粉飾太平，這種人沒有承擔責任的勇氣。但是，有另一種人，比掩蓋錯誤的人更糟糕，那就是自我欺騙的人，不僅在外人面前掩飾，就連自己也蒙蔽了。

犯了錯別急著懊惱，這是讓自己成長的機會。只有面對它、解決它，你才能眞正擁有它帶給你的無價之寶。

坦承無知，才能解決問題

自以為知道，或許可以給人帶來一時的安全感和自信心，卻更容易在問題發生時變成更大的挫折。

承認自己的無知，並不會造成什麼傷害。有時候，不知道才是最好的答案。接受別人的幫助，聽聽別人的忠告，或者靜下心來睡一覺，等到心情平靜了，你就能找出你要的答案。

馬克新婚不久，有朋友邀請他去露營，這是個「只限男人」的旅行。

當時，他們從美國地質研究所拿來幾張地圖才啟程，到一個名為鑽石岔口的東緣一帶探險。探險途中，他們在可諾峽谷裡發現了一個極美的天然溫泉「水晶池」。冷冽的山泉瀑布自花崗岩峭壁上一瀉而下，注入清澈的池塘，另有兩股滾熱的礦石溫泉在此合流。

不同的水溫混合著早晨清新的空氣，醞釀出奇異的蒸汽漩渦，瀰漫在池塘上，使得該處一片煙霧朦朧，顯得寧靜祥和卻又令人嘆為觀止。

馬克十分希望和新婚的妻子分享這個美景，於是安排了一個週末準備帶她去。他們整理好行囊出發，不過臨走時太匆忙，馬克將地圖忘在家裡的櫃台上，當他們發現這件事時，已經離家一段距離。

妻子認為馬克應該立即調頭，回去拿地圖。但馬克向她保證不必這麼做，充滿自信地說：「相信我吧！我之前去過那裡，而且我的方向感非常好，不用地圖也能找到路。」

可想而知，沒有了地圖，馬克錯過了一個彎路。由於這個失誤，造成一個接一個的錯誤，等到他發覺不太對勁的時候，早已迷失方向，白白走了好幾里的路。他們好不容易設法循原路走回停車處，但天色已經晚了。那天他們當然無法到達

那美如仙境的水晶池了。

一個錯誤的轉彎，會讓人錯過一次千載難逢的機會，造成錯誤的開始，往往來自於我們無法說出「我不知道」。

曾搭過友人的車，當確定我們已經迷路時，他卻不願意承認這個事實。當然，也不肯問路人。最後的結果，就是大家在那兒繞上好幾個鐘頭，最後又回到原地，自然也沒去成目的地。

馬克對自己太過有信心，相信他在旅行的途中也曾發現過不對勁，但他沒有即時喊停，反而讓錯誤繼續下去。

自以爲知道，或許可以帶給人一時的安全感和自信心，卻更容易在問題發生時變成更大的挫折。人不是百科全書，不可能懂得所有事情，說得出所有的答案。大方地表示出自己不知道、不清楚，並不是一件丟臉的事。

讓別人了解你的難處，才能集眾人之力，尋求解決的辦法。你也不用因爲想找出答案，還要掩飾問題而感到壓力倍增。

不斷學習，使生命更有價值

很多人將學習偏限於學校和書本上的知識，忽略了生活中處處都有值得學習的地方。

費利斯的父親巴克爾出身貧苦農家，只讀到五年級就得到工廠工作，從此，世界便成了他的學校。

他對什麼都有興趣，閱讀一切能夠得到的書籍、雜誌和報紙，也愛聽鎮上鄉親們的談話，從中了解這個偏僻小村以外的世界。

巴克爾非常好學，對外面世界的好奇心不但隨同他遠渡重洋來到美國，還傳給了他的家人，他決心要讓每一個孩子都受良好教育。

巴克爾認為，最不可寬恕的是人到了晚上睡覺的時刻，還像早上醒來時一樣無知。他常說：「該學的東西太多了，雖然我們出生時愚昧無知，但只有愚蠢的人才永遠如此。」

巴克爾要孩子每天必須學一樣新的東西，晚餐時間就是他們交換新知識的最佳場合，每人都必須擁有一項「新知」之後，才可以去吃飯。

有一次，巴克爾說：「費利斯，告訴我，你今天學到些什麼？」

「我今天學到的是尼泊爾的人口……」費利斯難為情地說。

餐桌上頓時鴉雀無聲。

「尼泊爾的人口。嗯，好。」接著，巴克爾看看坐在桌子另一端的妻子，問道：「孩子的媽，這個答案妳知道嗎？」

妻子的回答總會使嚴肅的氣氛輕鬆起來，「尼泊爾？」她說，「我非但不知道尼泊爾的人口有多少，我連它在世界上什麼地方都不知道呢！」

當然，這種回答正中巴克爾的下懷。

「費利斯，」巴克爾又說道：「把地圖拿來，我們來告訴你媽媽尼泊爾在哪

裡。」於是，全家人開始在地圖上找尼泊爾。

費利斯當時只是個孩子，一點也察覺不出這種教育的妙處，總是迫不及待地想走出屋外，和小朋友一起玩遊戲去。

多年後回想起來，他才明白父親給他的是多麼生動有力的教育，在不知不覺之中，他們全家人共同學習、共同進步。

費利斯進入大學後不久，便決定以教學為終身事業。他追隨的老師是幾位著名的教育家，但最令他感到有趣的，是他發現那些教授教導他的，正是父親早就知道的東西——不斷學習的價值。

最近有個廣告描述一位家庭主婦如何在年過半百後，找到自己的事業，並從中學習到許多她認爲自己不會接觸到的東西，包括網路的操作。

最讓人印象深刻的，是她所說的一句話：「以前生活都靠老公，現在我也有能力給予他了。」

這句話也突顯了很多人將學習侷限於學校和書本上的知識，忽略了生活中處處都有值得學習的地方。

一個人會想學習，通常都具備足夠的好奇心和企圖心，就像一個孩子總有用不完的精力、問不停的問題。孩子之所以會有源源不斷的動力，不是因爲年輕，而是總是充滿好奇。

只要有心，學習是不會間斷的，即使我們踏入棺材的那一刻，仍然在學習，學習如何面對死亡。

善用零碎時間，成就才會出現

我們總是把時間浪費在等待，等待一個完整的時間和空間出現，但等待的成果總是遙遙無期。

英國生物學家達爾文說：「完成工作的方法是愛惜每一分鐘。」

多數人認爲，在最充分的準備下，才能事半功倍，然而這只是藉口，由於沒有完整的時間，最後當然就沒有完善的結果。

我們總是把時間浪費在等待，等待一個完整的時間和空間出現，但等待的成果總是遙遙無期。

卡爾．華爾德曾是美國近代詩人小說家愛爾斯金的鋼琴教師。有一天，他為愛爾斯金上課時，突然問他：「你每天練琴多久？」

愛爾斯金說：「大約三到四個小時。」

「你每次練習，時間都很長嗎？最少有一個鐘頭嗎？」他問。

「是的，我想這樣比較有效果。」愛爾斯金答道。

「不，不要這樣！」卡爾．華爾德接著對愛爾斯金說：「將來你長大以後，要每天找出一整個小時的空閒時間不太容易，你要養成習慣，一有空閒就幾分鐘幾分鐘地練習。比如在上學前、午飯後，或工作的休息時間，五分鐘、十分鐘地練習。把練習時間分散在一天裡面，如此一來，彈鋼琴就能成為你日常生活中的一部分了。」

當時才十四歲的愛爾斯金對卡爾的忠告並未加以注意，日後卻發現這真是至理名言，因此受益良多。

愛爾斯金在哥倫比亞大學教書時，想兼職從事創作，可是上課、看論文、開會……等事情把他白天和晚上的時間佔滿了。有整整兩年，他連一個字也沒動筆，

因為「沒有時間」。

後來，他突然想起卡爾．華爾德先生告訴他的話，於是勉強自己，哪怕只有五分鐘的空閒，也要坐下來寫幾個字、幾句話。

出乎意料之外的，一個星期過去後，愛爾斯金竟寫出了分量十足的稿子。於是他開始利用這種方式創作長篇小說。

愛爾斯金的授課工作雖繁重，但是每天仍有許多可使用的短暫餘閒，甚至可以抽出時間練琴，讓琴藝不因忙碌而生疏、退步。

如果你懷疑「零碎」時間的功能，就請回想人生中最用功的時候，自己究竟如何運用有限的時間。

以高中階段而言，每天有唸不完的書、寫不完的作業、考不停的試，來不及準備的功課，往往只能利用短暫時刻完成。等車、下課十分鐘、蹲廁所……這一點一滴的累積，相信是很多人共同的經驗。

也有人認爲，生活何必太緊繃，慢慢來就好，又不是趕著去赴死！

就因爲這樣，我們更要抓緊時間，有效利用。

試想，心願懸在一件未完成的工作上，眞的有辦法輕鬆面對生活嗎？想必會有所掛記，反而浪費了美好時光。

不用擔心時間短暫會造成思慮不周，有時候這種「短暫的迫切性」，還能催化大腦反應，讓你靈光乍現，出現好點子來。

想有成就，我們有效利用時間，更因爲想好好地放鬆、休息，所以我們愛惜每一分、每一秒。

用心，才能讓人動心

當我們能為自己增加有利價值時，就不怕不能將自己和產品順利推銷出去。滿足他人的需求，必須從「心」開始。

小李利用假期到泰國旅行，剛到第一個景點，就有一位陌生的泰國中年男子扛著攝影機跟在他們身邊拍攝。

這個男子跑前跑後，忙個不停，一件短衫全被汗水濕透。當大客車開往下一個景點時，他就騎著摩托車跟在後頭；用餐時，他又娛樂大家，說些笑話讓遊客們愉快進餐；到了賓館，他就在房間裡拍小李同事們下棋、打牌、唱歌、閒聊之類的生活場景……別人問他為何要拍這些東西，他只是笑而不答。

第二天一早，小李和遊客們睡眼惺忪地踏出旅館大門時，那位中年男子已經牽著摩托車在大門口等候許久。

七天的行程很快過去了，就在小李他們將要離開泰國的前一天晚上，那位中年男子又來了。他把加工過的影片整理好，將配有音樂和中文解說詞的兩盒攝影光碟送到旅館，一經播放，精彩的內容馬上呈現在大家眼前。

七天來他們旅途中的歡樂場面一一重現，除了集體場景之外，每個人都能從中找到幾組自己的特寫鏡頭。

中年男子開價兩盒一套一千二百元台幣，經過殺價後還是一千元。眾人合計一下，如果買下一套回去複製，每人只需分攤一百多元，於是領隊決定買下。在湊錢時，有幾位同事還是嫌太貴，希望再便宜些，但中年男子卻一分錢也不肯再降了。

小李問他：「這筆生意如果談不成的話，你這七天不就白做了嗎？」

他回答：「就算這次做白工，我還是會繼續做下去！」

前後僵持二十多分鐘，生意還是沒談成，中年男子也乾脆地離開了。

臨上飛機前，大夥兒愈想愈可惜，最後還是託人找到那位攝影師，花了一千元買下兩片光碟。

到過泰國、韓國等地區旅遊的人都知道，除了導遊和領隊外，當地都會有一名攝影人員隨行，除了幫大家服務外，就是拍攝幾日來遊玩的照片。很多遊客都對這種措施不以爲然，因爲除了照片的品質不一定好之外，最重要的就是對方往往獅子大開口，半強迫推銷照片。

是什麼原因讓這位中年攝影師不怕賠本、賣不出去，持續從事這項工作呢？因爲他爲自己的服務增加了更多「價值」。他拍攝的不僅僅是旅遊中的風景照，更捕捉了這趟過程中最值得紀念的片段，再加上特別的服務，製造歡樂氣氛、隨時待命的工作精神，讓他所拍攝的光碟有了生命力！

筆者也曾爲了用餐所附的紅茶而特定到某間店光顧，雖然很多店家都會提供免費飲料，但這家店的冷飲卻很獨特。老闆並沒有因爲那只是免費的配餐而隨便製作，濃郁的茶香、恰到好處的甜度，都喝得出老闆的用心。

或許，你也有相同經驗，會選擇到特定的商家光顧；那兒並不是最便宜的地方，只因爲你喜歡店員親切的態度、店裡貼心的設計，甚至只是爲了看看老闆養的小貓咪。

當我們能爲自己增加有利價值時，就不怕不能將自己和產品順利推銷出去。這些有利價值可能是專業能力、熱情服務，讓顧客感到快樂……等等。滿足他人的需求，必須從「心」開始；唯有用心，才能讓人動心。

不要佔據不屬於自己的東西

「這不是屬於我的」，並不是消極的心態，當你無法改變局面的時候，不妨以這樣的方式讓自己寬心，重新再出發。

幾年前，趙先生來到美國加州聖荷塞市，參觀了世界聞名的高科技區「矽谷」。那裡的氣候得天獨厚，空氣清新、陽光明媚，四季溫暖如春，到處是鮮花綠草，他覺得自己就像走進無邊無際的花園之中。

有一天，趙先生正在漫步，忽然，一條金色大道出現在他眼前，人行道上一株株桔樹，沉甸甸、黃澄澄的桔子擠滿了枝頭。他感到非常興奮，竟然可以在這兒看到桔樹。

突然，他想到一個問題：這些桔子已經成熟了，怎麼還在樹上？是因為它酸，所以沒人要採嗎？他決定問個清楚。

趙先生沿著桔子樹來回兜了半個小時，都沒路人經過，正打算放棄，準備打道回府時，突然見到前方有一個背著書包、踩著滑板的孩子正奮力而有規律地朝著自己的方向過來。

趙先生禮貌地對孩子說：「你好，能向你請教一個問題嗎？」

活潑的孩子馬上把滑板來了一個緊急剎車，笑著說：「當然可以。」他拿出手帕擦著佈滿雀斑的臉上的汗水說：「只要我知道的話。」

「聖荷塞的桔子是酸的嗎？」趙先生直率地問。

「不。」孩子搖搖頭自豪地說：「這裡的桔子可甜呢！」

「那你們為什麼不採來吃呢？」趙先生指著一顆熟透的桔子說：「讓它掉在地上爛掉多可惜。」

「對不起，先生，我該怎麼回答你提出的問題呢？」孩子攤攤手、聳聳肩，笑著對他說：「我為什麼要吃路邊的桔子呢？它不是屬於我的。」

孩子說完和趙先生揮手道別，繼續向遠處滑去。

「這不是屬於我的。」望著孩子早已遠去的背影，趙先生喃喃自語的思索這個有意義的問題。

「這不是屬於我的！」這樣簡單的一句話，卻包含了許多學問在其中。有人因爲這句話而提升心靈的境界，有人卻因此執迷不悟，墜入萬丈深淵。

以道德面來看，不屬於自己的東西，有的人不貪心、不佔爲己有，有的人則是不愛惜、更加浪費。

這種「人之常情」，也是人類幾千年來無法擺脫的「佔便宜」心態，只能靠道德意識的教育來改善了。

物質上的東西尚且如此，心靈上的執著若無法釋懷，傷害是不是更大呢？當自己所愛的人選擇他人時，無法接受「不屬於我」的人，可能採取傷害對方、自殘、玉石俱焚等毀滅性手段，企圖爭回不屬於自己的人。

相對的，如果我們能換個角度來想，或許彼此無緣，要是能給予對方眞誠的祝福，又是另一種美好的結局。

「這不是屬於我的」，並不是要自己抱持消極的心態，而是讓自己以更寬廣的心胸來看待生活。

不管是工作、感情、人際關係等等遇到難題，當你無法改變局面的時候，不妨以這樣的方式讓自己寬心，整理好情緒後，重新再出發。

實際行動，讓夢想成功

天馬行空的夢想，很多人都曾經想過，可是會認真實行的人卻不多。想得到成功，就必須讓需要獲得滿足，而不是空想。

前陣子，日本有一位十二歲的小學生，發明了一種叫做「雨傘妖怪」的新玩意。那是一種雨傘裝置感應器，有民眾經過，就會自動開合，用來提醒人們別忘了帶走自己的雨傘。

促使他發明的最大原因，是人們最常遺忘的東西就是雨傘。

許多的發明，都是由不方便開始，因爲不方便，進而有了需求，有了需求才有之後便利的發明。

發明輪船的富爾頓，出生在一個貧窮的農村。

十四歲的時候，他對製砲很感興趣，於是和一個造砲工人結為朋友，兩人時常坐在小船上，到河裡去釣魚。

但是，河水流得很急，船逆水前行的時候，只能靠一根竹篙撐動，既費勁又緩慢，每一次釣魚都要用盡全身力氣。

愛用腦子的富爾頓不禁思索起來：「能不能造一樣東西來幫人划船，既省體力，又可節省時間？」

這個想法讓他念念不忘，父母時常看到他坐著「發呆」，有時甚至皺起眉頭，好像心事重重一般。原來，富爾頓正努力想捕捉住創造的靈感，決心把這個既像玩具又是機器的東西設計出來。

後來，他一頭鑽進舅舅家的工作室中，裡面什麼工具和材料都有，而且可以讓他隨興使用。

他在工作室中整整忙了七天才離開，並帶回一件新奇的玩意。大家看了半天，都不明白它的用處，於是富爾頓就帶一群人到那條湍急的小河。他不慌不忙地把那一件東西裝在小船上，用手搖動了幾下，接著就聽到一陣「突突突」的聲音，船開始抖動，船尾有一股被攪拌的浪花翻滾著。

正當大家覺得奇怪時，船開始動了起來，而且異常快速；不需要用竹篙划船，還能快速前進的奇蹟，讓所有人都圍著富爾頓歡呼起來。那一件使大家驚奇得喊不出名字的東西，就是現在汽船上的輪子！

後來，富爾頓不斷地摸索改進，不斷地設計創新，終於成為有史以來第一個創造輪船的人。

爲了尋求更好、更有效率的生活方式，人們不停地求進步。但是，這些進步並不是空穴來風，必須有幾個前提。

首先，你必須清楚知道自己的需要和動機。就像富爾頓爲了不那麼辛苦划船、小學生看見失物招領區滿滿是雨傘。

接著，你必須把握機會，讓這種需求變成強烈渴望，產生不辦到不行的壓迫

感，才有動力去實行它。富爾頓和小學生並沒有放棄改善的念頭，反而鑽研如何做才能促進生活更加便利。

相信種種天馬行空的夢想，很多人都曾經想過，可是最後會認眞加以實行的人卻不多。

過去，進入外太空被認爲是天方夜譚，可是誰能想到幾年後眞的實現了。就連隱形衣，也因爲科學家對光線折射研究的原理而被創造出來。

想得到成功，就必須讓你的需要獲得眞正的滿足，而不是流於空想。

花言巧語常暗藏玄機

言語擁有很大的影響力。即使內心有所懷疑，也會因為對方的花言巧語，而將不可能的事情信以為真。

從前有個馬販子養了一批馬，定期在市集上販賣，每匹馬要價五百塊錢。

他常常吹噓自己是個養馬高手，養過的馬跑起來四蹄騰空、快如閃電，無論跟什麼馬比賽，他的馬總是得勝，並且揚言，如果試過的結果不是這樣，他願意倒貼五百塊錢。

一位馴馬師經過那裡，恰巧聽到了他的話，看了看他要賣的馬後，接口說：

「你這匹馬真是太好了，我要買下來，不過得先讓我試一試牠的腳力。」

「行，行！」馬販連聲同意，馴馬師便把馬牽走了。

過了一會兒，馴馬師又繞回原地，見到這人又在吹噓他的另一匹馬，說的話跟剛才一模一樣。馴馬師二話不說，又牽走了第二匹馬。

過了一會兒，馬販找到馴馬師，要他支付兩匹馬的錢。

馴馬師說：「我的帳已經跟你結清了，一分錢也不欠你。」

馬販一聽，急得跳了起來，說道：「第一匹馬是五百塊錢，第二匹馬也是五百塊錢，你一分錢也沒給我，怎麼說不欠我的錢呢？」

「有意思！」馴馬師撇撇嘴說：「我讓你的兩匹馬比試了一下，結果是一匹在前，一匹在後。在前面的，我應該付給你五百塊錢；在後面的，你應該倒貼我五百塊錢，這樣一來一去，我們的帳不是算清了嗎？我還欠你什麼錢呢？」馬販聽了目瞪口呆，答不出一句話來。

言語擁有很大的影響力。即使內心有所懷疑，也會因爲對方的花言巧語，而將不可能的事情信以爲眞。但是誇大的言語，反而容易露出不實的破綻。

如果你曾注意衛生署取締的不實廣告，就會發現這些廣告的內容通常是種神話，而且不符合邏輯，只要仔細思考，就能找出許多疑點來。就像故事中馬販對馬的誇張描述，反而造成自打嘴巴的結果，讓有心人士有機可乘。

同樣的道理，當有人把你捧得輕飄飄，幾乎要飛上天時，也要注意他背後的目的。每個人都喜歡聽別人對自己的讚美，即使明明知道這不完全是眞的，還是寧可信以爲眞，讓別人對自己予取予求，比起恐嚇式的威脅，言語讚美的力量確實高明、有用多了。

如果你曾聽過賣藥電台的廣告，就會發現不管什麼人打進電台、問什麼樣的問題，同一罐藥都能當成仙丹，百病都能治。

舉個例子來說，某個民衆對主持人說：「我的腸胃最近不太好，吃了電台的藥之後還是猛拉肚子。」

主持人告訴他：「就是因爲你的腸胃不好，吃藥才會拉肚子，那個藥是在幫你清腸啊！」相信看到這兒，你是不是也能了解這種言語的手法了？

10.

PART

享受巴掌帶來的好處

不要埋怨生命裡曾經承受的每一巴掌，

因為蛻變是痛苦的，

但是蛻變之後的你，

才能變得更加耀眼奪目！

一時的挫敗，不代表一生都會失敗

一時的挫敗不代表一生都會失敗，一扇門關閉後，必定還有其他選擇。要記住，路絕對不止一條，只要能找到適合自己的路勇敢往下走，必能通往新的天地。

龐培曾經寫道：「通常，成功總是發生在失敗之後。」「好的開始」或許是成功的一半，但是，一個人想要成功，千萬不要害怕自己有一個「壞的開始」。

只要你懂得在這個「壞的開始」當中學到一些可以用來幫助自己成功的寶貴經驗，那麼「壞的開始」又何嘗不是「成功的一半」呢？

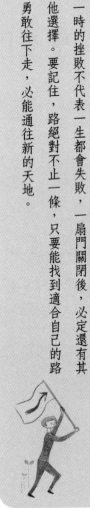

科羅拉多大學法學院院長決定，秋季開學後，希爾曼不能再回去上課了，原因是他的成績太差。希爾曼被學校退學了。

希爾曼曾寄了信申請重讀，但毫無音訊。他的父親和法學院院長愛德華・金溝通過後，還是無法改變這個決定。金院長說：「希爾曼是個非常好的年輕人，但他不可能成為一名律師。他最好去找其他職業，我建議他留在他週末打工的那個食品雜貨店裡。」

希爾曼感到心煩意亂，從未如此受過挫折。高中時，他是個受歡迎的學生，也是常出鋒頭的足球隊員。優越的體育成績讓他不費吹灰之力就申請進入科羅拉多大學，並被最負盛名的法學院錄取。

希爾曼的父親知道兒子很想成為一名律師，因而建議希爾曼考慮威斯敏斯特法律學院，那裡有夜間部課程。

父親的建議雖然很實際，但卻強烈地傷了希爾曼的自尊。科羅拉多大學是通向法官寶座和聲名顯赫律師事務所的大門，威斯敏斯特則是一所窮人學校，沒有享受終身職位的教授，也沒有法律權威評論，學生們白天都在打工。

但是，希爾曼還是去見了威斯敏斯特學院的院長克里福特．米爾斯。

米爾斯看了一下希爾曼的大學成績，直率地說：「過去，你成績最好的科目是體育、西班牙語和組織能力。」

的確，希爾曼並沒有良好的學習習慣，才使他自食其果。

米爾斯院長允許希爾曼入學，但有一個條件，他得重修二年級所有課程。院長說：「我將時時刻刻監督你。」

因為是第二次機會，所以希爾曼加倍用功，真正對法律證據產生了濃厚興趣。

第二年，教希爾曼某堂課的教授過世了，希爾曼意外地應邀接任了他的課，證據研究後來成了希爾曼的終生專長。

二十八歲那年，他成了丹佛市最年輕的鄉村法官，然後當選了地方法院法官，接著被總統任命為美國聯邦司法部地方法院法官。後來，他獲得了科羅拉多大學頒發的喬治．諾林獎以及名譽法學博士學位。

回想自己過去的人生旅程中，有多少次與機會擦身而過？這些當初你認爲的

遺憾，多年後仍然覺得是一個遺憾嗎？

作家海斯曾經這麼說過：「一開始就失敗的人，最後往往比一開始就成功的人，還要成功。」

雖說「好的開始，是成功的一半」，但是「好的開始」往往容易讓人掉以輕心，忽略爾後的種種挑戰，反而「壞的開始」比較容易讓人心生警惕，並且還可以提醒自己在未來的挑戰之中，不再犯下同樣的錯誤。

希爾曼雖然被評價極高的法學院勒令退學，進入三流的夜校就讀，但這也讓他產生強烈的決心，要成爲一個好法官，並且發憤圖強實現了自己的理想。如果他繼續留在科羅拉多大學就讀，以低空飛過的成績畢業，後來可能在一家沒沒無名的律師事務所當個小職員而已。

如果希爾曼沒有繼續唸書，而是聽了法學院院長的話，到食品雜貨店繼續打工，會不會有前途呢？

一時的挫敗不代表一生都會失敗，一扇門關閉之後，必定還有其他選擇。路絕對不止一條，只要找到適合自己的道路勇敢往下走，必能通往嶄新的天地。

從壞運氣中吸取教訓

俄國幽默作家契訶夫提醒我們：「不要單槍匹馬和千萬人抗衡，不要和風車作戰，不要用腦袋去撞牆。」

凡事都是一體兩面，全賴你用什麼眼光去看待它。運氣不好的人滿街都是，但是如果你能從壞運氣裡得到教訓、啓示，及時修正自己的想法與做法，這又未嘗不是一種好運？

人都有發財夢，自從聽說有人在薩文河畔散步時無意中發現了黃金，並且一夜致富之後，從此這裡就聚集了來自四面八方的淘金客，大家都想當幸運兒。

這些人有著共同的目標，卻不一定都有著相同的運氣，有的人因此發了小財，也有許多人一無所獲，不過大家仍然興致勃勃，總是希望自己也有那麼一點好運。

瑞德就是「衰運俱樂部」的其中一員，為了自己的淘金夢，他傾家蕩產，把所有的積蓄都押在這塊土地上。但是，埋頭苦幹了幾個月之後，別說金子了，就連一點兒玻璃也沒有。

這塊地除了泥土，就是石礫，看著自己花了大把鈔票買來的這一大片泥土，瑞德簡直欲哭無淚。

苦撐了半年之後，瑞德已經身無分文了，再這麼下去也不是辦法，他決定要離開這兒，到別的地方另謀出路，他相信，上帝關了一扇門，一定會為他再開另一扇窗的。

像是跟他揮手告別似的，在瑞德離開的前一天晚上，天空突然下起了一場罕見的傾盆大雨。

這場大雨持續了一整夜，到了黎明時分，雨終於停了，瑞德走出屋外，發現眼前的土地看起來好像有一點不同：泥土的坑洞已被大雨沖刷成平地，青綠的小草害羞地從泥土中探出頭來，輾轉相連成綠茸茸的一片。

他不禁讚嘆著大自然真是一個神奇的魔術師，一夜之間就在不毛之地創造了這麼迷人的風景。

「這裡沒有金子，」瑞德若有所思地自言自語：「但是，這裡有肥沃的泥土。我可以用泥土來種植花草，然後把這些花草拿來賣錢，有朝一日，我一定會發財的……」

於是，瑞德利用這片土地從事園藝工作。他所種植的花草長得又快又茂盛，既鮮豔又美麗，引來附近居民爭先恐後地搶購，不到幾年的時間，真的實現了他的願望，成為一個大富翁。

後來，他驕傲地說：「我是唯一一個在薩文河畔找到真金的人！」

俄國幽默作家契訶夫提醒我們：「不要單槍匹馬和千萬人抗衡，不要和風車作戰，不要用腦袋去撞牆。」

遭遇失敗，最重要的是是讓自己頭腦冷靜下來，檢討失敗的原因，而不是未

經思索就盲目地再接再厲。

不要相信「從哪裡跌倒，就從哪裡爬起來」，這種念頭太固執、太意氣用事了，你明知道爬起來的結果就是再次摔倒，爲什麼還要往那裡走？

不管在哪裡跌倒了，你都可以選擇從別處爬起來，既然已經知道此路不通，爲何還要跟自己過不去，硬要用自己的腦袋去撞牆呢？還是趕緊找尋其他的生路吧！

記得，天無絕人之路，條條大路通羅馬，只要你懂得變通，成功一定就在不遠處。

什麼人配什麼眼神

你認為你是什麼樣的人，別人就會用什麼樣的眼光看待你，如果你想得到別人的尊重，那麼就請先從改變自己做起吧！

培根在《人生論》裡寫道：「應該把美的形貌與美的德性結合起來，美才能放射出奪目的光輝。」

想要改變自己的內在，有時必須從改變自己的外表開始，才能使外貌與內在逐漸美化。

十四歲的小安剛剛領了壓歲錢，想要趁著過年的時候，替自己買一件新衣服。

不過，由於預算有限，所以他只好到二手衣店裡尋寶。

運氣就是這麼神奇的東西，在一堆破舊的衣服當中，小安一眼就看到了那件外套，雖然是舊的款式，但是這件外套卻像新的一樣完好如初，而且正好是小安夢寐以求的西裝外套，雙牌扣加上筆挺的布料，就像爸爸的西裝一樣。

這樣一件全新的外套可能要好幾千塊，但是眼前這一件卻只要五百元，正好是小安負擔得起的價錢。

小安把外套穿在身上，整整齊齊地扣上了鈕扣，在鏡子前仔細地左右端詳，無論肩寬、袖長都一寸不差，自己真是最適合這件外套的人選了！小安二話不說，立刻買下了這件外套。

回到家裡，母親不斷地稱讚小安長大了，不但會自己買衣服，穿上這件外套以後簡直比爸爸還帥！就連去親戚朋友家拜年的時候，大家的目光也都集中在這件外套上，大家都說小安現在是大人了，還開玩笑的說要幫他介紹女朋友呢。

往後的幾個星期，小安像變了個人似的，他變得懂事、有禮貌，不但能和爸爸一起討論政治議題，也能平靜地聽取不同的意見，還時常把「請、謝謝、對不起」掛在嘴上。空閒的時候，他會替媽媽分擔家務，甚至大方地把自己的MP3借給弟弟，這都是從前懶散、暴躁又斤斤計較的「小安少爺」所做不到的事情。

母親笑著說：「過了個年，小安真是成熟了不少！」

小安搔著頭，不好意思地說：「還不都是因為那件外套！穿上了它，我就要像個大人，怎麼能跟以前一樣任性呢？」

一般人總是從外表來判別一個人，我們的心境、言行也經常受到外在衣著的影響，如果要改變你的生活，不妨先試著從外在下手。

有時候，衣服表達的不只是美醜，更代表了一個人的身分、地位，透露著一個人的性格與內在世界。

你看起來像個王子，別人也會把你當成王子看待，你看起來像個乞丐，就不要怪別人不給你好臉色看。

你認爲你是什麼樣的人，別人就會用什麼樣的眼光看待你，如果你想得到別人的尊重，那麼就請先從改變自己做起吧！

小心「經驗」成為侷限

經驗能告訴你，往銅牆鐵壁踹過去會讓腳發疼，卻忘了讓你探探這牆是否如此堅固，還是虛有其表的破銅爛鐵。

「經驗」就像流水，能夠載舟，也能覆舟。累積愈多的「經驗」，的確能增加我們的應變能力，但往往也因爲「經驗」多，自以爲專業，而疏忽了千分之一的不同結果。

清朝乾隆年間，京城出現了一個專偷皇宮寶物的神偷，來無影去無蹤，縱使紫禁城內牆高池深，戒備深嚴，依舊是來去自如。

一個偷兒還不至於驚動皇上，但宮中每天都有東西不見是稀鬆平常的事。直到某天，乾隆皇帝發現放在御書房裡的玉璽竟然不翼而飛，勃然大怒，才勒令紫禁城內外做地毯式搜索。

三天後，玉璽居然又神不知鬼不覺地出現在皇帝桌上。這下子乾隆慌了，心想：「這神偷在深宮內苑這般來去自如，這次玉璽失竊倒也算了，下次如果他要取我的人頭，那不就……」

乾隆愈想愈恐懼，馬上召見大臣們商討對策。

眾大臣面面相覷，只見和珅率先打破沉默：「啟奏陛下，臣有一計，定可捉拿此賊。首先，加派三千御林兵嚴守禁城，務求滴水不漏；其次，加強宮內防盜機關，嚴防裡應外合；最後，百姓出入京城，一律接受身分及行李檢查，以防贓物外流。如此一來，此惡賊一定無所遁形，難逃法網。」

乾隆大喜：「很好，就依愛卿所言，馬上去做。」

不料這政策施行了半年，神偷依舊猖獗，接連幾件寶物被偷不說，京城的百姓也因為生活不便而怨聲載道。乾隆再次找來群臣討論，並開門見山地點名劉墉想想辦法。

劉墉駝著背，伸出三根手指頭緩緩地說：「啟奏陛下，依臣愚見，倒可從三方面下手。一是將紫禁城外增派的御林軍都撤掉；二是將所有寶庫的大鎖通通拿掉；第三，就是將存放寶物的箱子全部打開。如此一來，必能手到擒來。」

乾隆聽了大惑不解：「劉愛卿，你是聰明人，怎麼說起糊塗話來了？」

劉墉瞇著眼睛，嘴角浮起一抹微笑：「陛下試試看，便知成效！」

於是，乾隆下令照辦，不出十天，神偷居然被輕易捉到了！

喜好「方城之戰」的老手都知道，碰上了新手，往往會有突發狀況發生，這是因爲新手不按牌理出牌，不該打的牌亂打、不該吃的牌亂吃，完全顛覆了大家的思路，結果卻老少通殺。

這位「神偷」也是敗於相同的因素。

上千次成功的經驗告訴他，進入目的地後，要先機警地躲過警衛，找到目標後迅速開鎖、取物，然後伺機離開。只要精準地執行這些步驟，再嚴守的地方，也能順利地偷出寶物。

這套「遊戲規則」一旦被更改，該有的防守沒出現，寶物還寫著「歡迎拿取」，一連串的「不合理」，反而讓他的猶豫成爲致命關鍵。

經驗能告訴你，往銅牆鐵壁踹過去會讓腳發疼，卻忘了讓你探探這牆是否如此堅固，還是虛有其表的破銅爛鐵。

不要被經驗困住了！眞正打敗神偷的，不是滴水不漏的防守，不是高城深池，也不是銅牆鐵壁，而是神偷累積數十年的「經驗」。

沒有重不重要，只有值不值得

人生的種種煩惱，無非都是「值不值得」的問題，在你下決定之前，請先想想，你的選擇值得嗎？

作家塔伊希．薩利赫曾經說：「生活屬於你，要走什麼樣的道路，全由你自行抉擇。」

不管你做了什麼抉擇，最重要的守則是：要做自己生活的主宰，而不要淪爲慾望的奴隸。

阿泰是個大煙蟲，除了睡覺的時間以外，他幾乎煙不離手，一天可以抽掉三包煙。對他來說，吞雲吐霧是他的生活中不可或缺的一部分。

有一次，阿泰去北京出差，那天正好降下大雪，天氣又濕又冷，阿泰找了一家旅館落腳，洗了個舒服的熱水澡之後，很快地就進入了夢鄉。

半夜三點鐘，屋外吵雜的貓叫聲使他從睡夢中驚醒，醒來的第一個反射動作，便是伸手想要拿放在床頭的煙，沒想到煙盒裡頭空空如也，香煙不知道在什麼時候就已經抽完了。阿泰下了床，開始搜尋大衣的口袋，口袋裡除了衛生紙什麼也沒有；他又去行李箱那裡碰運氣，結果還是一無所獲。

翻遍了整個房間，完全找不到一根香煙，半夜三點，旅館的餐廳、商店都已經關門了，要到哪裡找香煙去？阿泰想了想，記得幾條街外好像有一家便利商店，大概走十分鐘就可以到了，那裡應該有賣香菸吧。

於是，阿泰懊惱地脫下睡衣，換上外出的大衣、戴上禦寒的手套、耳罩，當他準備好走出房門時，突然停住了腳步，疑惑地問自己：「我為什麼要這麼做？」

他站在門口，看著窗外持續飄落的雪花，想到平常在家的時候，連走到巷口去買一碗麵都嫌麻煩了，現在氣溫是零下五度，自己竟然要在這個天寒地凍的時候離開旅館，冒著大雪出去，而且只是為了要得到一支香煙，這樣是正確的嗎？

從這一刻開始，阿泰決定戒煙，他走回房間把那個空煙盒揉成一團扔進垃圾桶裡，他要證明，沒有香煙他一樣可以過得很自在。回到了床上，阿泰帶著一種征服自己的快感入睡，從此以後，他就再也沒有拿起過一根煙了。

這個故事不是要勸人戒煙，而是要告訴你，如果對一件事上了癮，就必須承擔上癮的後果，否則，你最好不要開始嘗試。

如果你是阿泰，在那個下著大雪的寒冷夜晚，你會選擇出去買煙還是留在房間？是抽煙重要還是溫暖重要？

其實，任何一種選擇都沒有對或錯，只是看你願不願意付出選擇之後應付的代價而已。

想要認眞的生活，就必須認清對自己眞正重要的東西，人生的種種煩惱，無非都是「值不值得」的問題，在你下決定之前，請先想想，你的選擇值得嗎？

肯定，是最有效的激勵

肯定，就是最有效的激勵，說得再多，不如讓他自己肯定自己，只要願意，每個人都可以發揮出無窮的潛力。

一句鼓勵、一聲肯定，就能助長一個人的氣勢，增強他的信心；那麼，我們又何必吝嗇我們的口水呢？

你的一句話，也許就能改變一個人的一生。

美國成功學大師拿破崙·希爾處世圓融，有著過人的智慧，一般人都很難想像，在他童年的時候，卻被家人認為是撒旦派來的小惡魔。

不管家裡發生任何大大小小的事，不用警察蒐證，大家都會異口同聲地說：

「一定是小希爾幹的！」

而且，八九不離十，最後往往都能找到證據，證明大家的懷疑其來有自，絕對沒有冤枉好人！

希爾的母親很早就去世了，突然的打擊總會使孩子格外早熟，希望用奇特的行徑來引起大人的注意。因此，希爾對製造麻煩這件事樂在其中，甚至以當個「小惡魔」為樂。

直到有一天，父親宣佈他即將再婚，不久便帶著這位將要成為繼母的陌生人走進家裡。

他們走遍每一個房間，向每一個人親切地問好，當他們來到希爾面前時，父親說：「這就是希爾，是所有的孩子當中最壞的一個。」

這個陌生人把雙手放在希爾的兩肩上，眼睛裡閃爍著慈愛的光芒，她仔細地端詳他的臉孔，就像是媽媽一樣。

這時，拿破崙．希爾心裡浮起了一股熟悉的溫暖，他知道自己將會多一個親愛的家人。

接著，希爾聽到一個溫柔地聲音說：「這是最壞的孩子嗎？當然不是，這是所有孩子中最聰明的一個，而我們所要做的，就是幫助他把自己的聰明特質發揮出來。」

希爾的繼母就是這麼樂觀、這麼寬容，永遠只看事情的光明面。往後的日子裡，無論希爾有什麼想法，她都不斷地支持他、鼓勵他，時常和他一起擬定大膽的計劃，然後在他遭遇困難時拉他一把，告訴他：「你一定會成功的。」

拿破崙．希爾的繼母的確沒有看錯，他後來果然是所有孩子之中，最有成就的一個！

古有明言：「人言可畏」，但是人言有時候也是很可愛的，不然運動比賽爲何總是需要有啦啦隊在一旁打氣？

與其給別人安慰，或是給他人建議，不如先給對方信心吧！

肯定，就是最有效的激勵，說得再多，不如讓他自己肯定自己，只要願意，每個人都可以發揮出無窮的潛力。

不努力，就會淪為生活的奴隸

懶惰的人如果不試著去改變自己的性格，一味延續舊日習慣，那麼，終究只會成為生活的奴隸。

不經過自身的努力，人就達不到自己想要的目的，任何外來的助都無法取代你的努力。

世界比你想像中的還要大，只要肯努力，你就能找到成功的契機。

有兩個來自鄉下的年輕人一起到城市找工作，其中一個想去台北，另外一個想去高雄，這兩個都是台灣最繁華的城市，他們心想，不管到哪一個地方，應該

都會有不錯的發展。

可是，當這兩個人在車站裡等車時，卻同時改變了主意。因為他們聽到了鄰座的中年人在跟朋友聊天，中年人說，台北人十分精明，在台北不管做什麼都要花錢；而高雄人比較熱情，見到沒飯吃的人，不僅會施捨他，甚至還會把他請到家裡來作客。

原本要去高雄的人一聽，覺得台北真是個先進的城市，處處都是商機，有許多肯花錢的人；而那個要去台北的人聽了中年人的話，對高雄產生了一股嚮往之情，高雄有這麼多善心人士，在那兒簡直可以不愁吃喝。

於是，他們兩個交換了車票，想去高雄的那個人換成了去台北的車票，而想去台北的人則改變主意前往高雄。

不久之後，去高雄的人發現，高雄果然跟傳說中的一樣好。他來到高雄已經一個月了，雖然工作沒著落，但是卻一點也沒餓著，只要整天待在超級市場裡，就有免費試吃的東西可以填飽肚子，還不時遇到一些熱情的人，會主動招待他這個外地人吃吃喝喝，高雄真是個美好的都市。

而去台北的人也對自己的生活很滿意，台北果真處處都是賺錢的機會，只要動動腦筋，再花點力氣就可以賺錢了。

他發現一些高級住宅區的居民，連倒個垃圾都要請專人服務，每天只要準時收垃圾，再把它送到垃圾場去，就可以賺到一筆足以溫飽的工資。於是，他從清潔工開始做起，不只倒垃圾，更提供清潔大樓的全方位服務。

不久之後，他存了一筆資金，並且成立了一家清潔公司，自己退居幕後，如今他的公司已有一百五十多個員工，不少辦公大樓都由他的公司一手包辦。

十多年以後，這個來台北打拼的人因為拓展業務而到了高雄，在高雄火車站，他不經意看到一個撿破爛的人。

一見面，兩個人都不禁愣住了，他們依稀記得，自己在許多年前曾經跟對方交換火車票，想不到也因此交換了兩人的命運。

當你看完這個故事，或許會有一些感觸，思索著如果當初沒有交換火車票，他們的結局會有什麼不同？

其實，根本不會有什麼不同，因爲決定命運的不是他們置身的環境，而是他們的性格。

好逸惡勞的人無論到了哪裡，可能還是一樣懶惰；而勤奮的人就算遭遇到再大的困境，也一樣能夠找到出路。

懶惰的人如果不試著去改變自己的性格，一味延續舊日習慣，那麼，終究只會成爲生活的奴隸。

享受巴掌帶來的好處

不要埋怨生命裡曾經承受的每一巴掌，因為蛻變是痛苦的，但是蛻變之後的你，才能變得更加耀眼奪目！

挫折、失敗是邁向成功之路不可或缺的教訓，懂得思考的人會從中得到許多啓示，讓自己的人生從此蛻變。

當貝多芬二十七歲的時候，他創作的音樂已贏得了整個維也納貴族以及普羅大眾的喜愛，他的才華受到世人的矚目，不啻是一顆正要開始大放異彩的明日之星。

就在這個時候，他的耳朵卻開始出現了一些毛病，醫生證實他罹患了當時無法治癒的神經性耳聾，這猶如晴天霹靂，一個音樂家沒有了聽力，就像一隻折翼的小鳥一樣，對貝多芬來說，在音樂世界裡飛行就是他生命的全部，音樂是他唯一的天空。

聽不見聲音，他該怎麼辦才好？

貝多芬想盡辦法醫治他的耳朵，任何藥物、偏方都嘗試過了，可是卻一點效果也沒有。

眼看著病情日益惡化，他卻完全束手無策，焦慮使他暴躁易怒，絕望令他憤世嫉俗，貝多芬變得喜怒無常，乖戾的性格讓人不敢領教。

有一天，他坐在餐桌前用餐時，因為不滿意女管家做的湯，一氣之下，毫不留情地把整碗湯潑到了女管家的臉上，令僕人飽受無妄之災。

有時遇到不如意的事，他也會把墨水瓶摔在他心愛的鋼琴上，甚至曾經把水倒在木頭的地板上，讓水從縫隙間滲透到樓下，樓下的住戶就這麼莫名其妙的淋了一場毛毛雨。

而當他心血來潮時，卻又可以表現得溫和親切，不但自己煮飯泡茶，還親自動手收拾家裡零亂不堪的殘局。

沈寂了一段時間之後，貝多芬發現承受苦難的是自己，但是創造快樂的也只有自己，他在日記中寫道：「你啊，可憐的貝多芬！世界不會再給你任何幸福了，除非你從自己的內部創造出快樂。既然現實世界已經不可能，你只有在自己的理想世界裡，才能發現你的快樂。」

為了尋找快樂，貝多芬投入了全部的熱情在音樂創作上，一些膾炙人口的名作，舉凡《熱情奏鳴曲》、《合唱交響曲》、《命運交響曲》……等等，都是他這個時期的作品。

因為他聽不見聲音，所以才更渴望創造聲音，貝多芬在他的理想世界裡，終於找到了屬於自己的快樂。

命運有時是很詭譎的，它總會先打你一巴掌，再讓你從痛楚中驚醒，並且享受這一巴掌所帶來的好處。

音樂家在無聲的世界裡激發了創作的靈感，科學家在一次次失敗的實驗中發明了新工具，作家歷經困厄、折磨，鍛鍊出生花妙筆。

所有成功的契機在一開始時，都會以苦難的形式出現。因此，不要埋怨生命裡曾經承受的每一巴掌，因爲蛻變是痛苦的，但是蛻變之後的你，才能變得更加耀眼奪目！

11.
PART

誰說大象不會走鋼索？

只要有心，盡力就會創造奇蹟，
就連大象也可以走鋼索。
你又何必管別人怎麼說、怎麼想呢？

誰說大象不會走鋼索？

只要有心，盡力就會創造奇蹟，就連大象也可以走鋼索。你又何必管別人怎麼說、怎麼想呢？

莎士比亞曾說：「人有時可以支配自己的命運，要是受制於人，那錯誤不在命，而是在於自己。」

人就是自己命運的主宰，只有意志不堅、缺乏自信的人，才會因爲別人的冷嘲熱諷而改變自己的志向。

小琪剛上大學的時候，班上有一位來自鄉下的同學，他的國語說得非常不標準，說起話來經常是：「偶贈在出喚」，意思是「我正在吃飯」。

除了發音不準確之外，他的文法也不見得正確，像「老師給我打」這類台語翻國語的句子時常出自他的尊口，他的每一句話，在其他人聽來都像猜謎遊戲，偏偏他卻瘋狂地喜歡詩詞文學，而且還立志要當個詩人，想出版幾本詩集。

小琪聽了他的夢想，實在忍俊不住，這就像大象要走鋼索那般可笑。口直心快的小琪告訴那位同學：「憑你那點水準，要寫詩，等到二月三十號吧！」

那位同學沒聽懂小琪的意思，立刻追問：「為什麼要等到二月三十號？」

「因為，二月根本沒有三十號啊！」小琪懶洋洋地解釋著：「所以所有不可能的事情，都會發生在那一天。」

同學聽了臉色大變，起初他有些驚愕，但是過了一會兒便像領悟了什麼似的，神色豁然開朗。

八年後，小琪收到了這位同學寄來的一本詩集，裡頭附著一封信：

「這是我的第一本詩集，我終於做到了。這麼多年來，我一直記得妳的鼓勵，妳說過，所有不可能的事情都會發生在二月三十號，雖然當學生的時候，我自己

也認為出詩集只是一個夢想，而且幾乎是不可能的事情，但是妳讓我明白，即使再怎麼不可能的事情，也會有發生的時候，日曆上沒有二月三十號，但是人的心裡卻有，因而我怎麼能不竭盡全力，去創造自己的二月三十號呢？」

「二月三十號」是真實存在的，只要有心，盡力就會創造奇蹟，就連大象也可以走鋼索。

天底下所有的不可能，都是人們在腦海中自我設限後所認定的，例如，電燈、電話、電視、洗衣機……在以前不都是天方夜譚？但現在卻都成了家常便飯。

事實證明，人們所謂的「不可能」，只是他們膚淺無知，不知道這個世界有多麼寬闊、奧妙而已。

人生也是如此，未來的事沒有人知道拿如何發展，我們所能左右的只是自己的努力程度，因此，你又何必管別人怎麼說、怎麼想呢？只要照著自己設定的人生方向往前走，你就能看見自己的璀燦未來。

讓錯誤成為日後的寶藏

教訓往往是從後悔中才能得到的，別害怕犯錯，只要能真切地記取教訓，那麼一切的錯誤都會是你日後的寶藏。

所謂「不經一事，不長一智」，這句話說明了人生的若干階段都只是嘗試錯誤的流程。

失敗、挫折是成長必須付出的代價，也是人生必經的一部分，因此，遭遇失敗、挫折沒什麼值得氣餒的，只要懂得從中汲取教訓，必然可以得到最好的經驗。

有一個三十歲的年輕人，年紀輕輕就獲選為銀行的總裁，就像小孩開大車一樣，難免會使旁人感到些許不放心，而這個年輕人自己也兢兢業業，不敢有絲毫的放鬆。

有一天，這個年輕的總裁與股東會主席，也就是前任總裁談話。前任總裁已經是個白髮蒼蒼的老人了，坐在總裁的位置上長達三十多年，關於這項職務，應該沒有人比他更了解了吧！

年輕人謙虛地向他說道：「我才剛擔任總裁這項職務，這真是一個不簡單的工作，希望您可以根據自己多年的經驗，給予我一些寶貴的建議。」

前任總裁看著自己面前的後生小輩，想了一會兒，便以簡短的六個字作答，他一個字一個字地說：「做、正、確、的、決、定。」

年輕的總裁覺得這個建議太籠統了，希望得到更明確的解說，於是繼續問：「您的建議對我來說非常有幫助，我很感激。但是，可不可以請您再說詳細一點兒？我該怎麼樣才能做正確的決定呢？」

這次，前任總裁的回答更簡短了，他閃爍著充滿智慧的眼睛，看著年輕人說：「經驗。」

新總裁覺得自己問了等於沒問一樣，但是，他仍耐住性子，客客氣氣地說：「您說得沒錯，不過這正是我現在坐在這裡的原因，因為我還沒具備我所需要的經驗，所以我才冒昧地來請教您，我從哪裡可以獲得這些寶貴的經驗呢？」

前任總裁像是想起了什麼似的，他笑了笑，並且用簡潔地口氣說：「錯誤的決定。」

做出正確的決定需要經驗，而經驗卻往往必須從錯誤中獲得，這和「失敗爲成功之母」是一樣的道理。最怕的是，經過了一事，卻仍然沒有增長智慧，所有的時間和苦心都成了白費。

偏偏大部分的人都是這樣，犯過的錯誤總是一犯再犯，即使別人再三提醒，到了最後一刻，仍然只是重蹈覆轍。

教訓往往是從後悔中才能得到的，別害怕犯錯，只要能眞切地記取教訓，那麼一切的錯誤都會是你日後的寶藏。

要為自己努力，不要坐以待斃

不懂得挖掘你內心的寶藏，不懂得用兩隻手創造你的前途，那時的你才是真的一無所有。

不要埋怨自己什麼都沒有，什麼都不如別人。你至少還擁有自己的意志、想法，還有一個健康的身軀，你已經比其他不幸的人幸運很多了。

有一位年輕人自小家境貧寒，為了負擔弟弟妹妹的學費，放棄升學，很早就出外謀生以維持家計。

如今，弟弟妹妹長大了，各有自己的一片天空，而他自從原本服務的公司倒閉之後，求職便四處碰壁。

既沒有學歷又沒有一技之長的他，轉眼間已經失業大半年了。眼看著積蓄用盡，家徒四壁，年輕人由滿懷希望轉而意志消沉，對自己不順遂的境況總是怨天尤人。

一天，他無精打采地走在路上，遇見了一位老人，老人對他說：「你有這麼豐厚的財富，為什麼還要愁容滿面呢？」

年輕人聽了，急切地問：「什麼財富？在哪裡呢？」

「你的財富就是你的一雙眼睛，如果你肯給我你的一雙眼睛，我就把你想得到的統統給你。」

年輕人考慮了半晌，沒有眼睛，世界只會剩下一片漆黑，那有多麼痛苦啊！因而，他堅決地說：「不，我不能失去我的眼睛。」

「好吧！那麼把你的一雙手送給我吧！我可以告訴你幾組數字，保證你今天晚上就成為億萬富翁。」

連眼睛都不能失去了，更遑論雙手！年輕人立刻回答：「不，我的手對我來說很重要，一隻也不能失去。」

此時，老人笑了，他對年輕人說：「是啊！你有一雙眼睛，還有一雙手，這是用再多錢也買不到的啊！它們是你最豐厚的資產，擁有一雙眼睛，你就可以觀看，可以學習；擁有一雙手，你就可以勞動，可以工作。你所擁有的是世界上最大的寶藏，那麼，你為什麼不好好運用你所擁有的寶貴資產呢？」

健康的身體就是一座天然的礦山，如果你肯努力，裡頭的金子自然會源源不絕地湧現，如果你不妥善運用，終日愁眉苦臉地坐以待斃，那麼就算坐擁著天大的財富，它的外表依然覆蓋著灰茫茫的砂石，遮住了裡頭黃澄澄的金子。

如果再不懂得珍惜，不懂得挖掘你內心的寶藏，不懂得用兩隻手創造你的前途，總有一天，你會老去。

連這個健康軀殼都失去的時候，你才會發現，你的寶藏已經枯竭，那時的你才是真的一無所有。

成功沒有既定的時間表

成功沒有標準模式，也沒有既定的時間表，你只能要求自己多努力一點、多付出一點、多說些好話、更要多做些好事。

即使自己的苦心付諸流水，也不必有所怨懟，一分耕耘一定能有一分收穫，那分收穫也許來得很晚，但是只要你有耐心，你就一定能看到你所付出的回報。

小鄭是不景氣衝擊下的另一個受災戶，時機不好，公司減薪又裁員，使得他頓時成為失業人口。

他打從畢業起就待在這家公司，一待就待了十年，人生最美好的青春歲月全都奉獻在這裡。

公司生意好的時候，加班熬夜他全力配合，如今老闆一句「公司今年沒賺錢」就要他捲鋪蓋走路，這個世界還有沒有天理？

幸好小鄭的個性一向樂觀進取，計劃趁著這段時間出門走走，來個環島旅行，一方面放鬆身心，一方面替自己充電。

就像日劇裡所講的：「當作是給自己放個長假吧！」小鄭決定出發去尋找人生的意義，思索一下未來的方向。

途中，他經過一個村莊。這個村莊離水源地很遠，在這裡，水是非常珍貴的，因為所有的生活用水都必須要到很遠的小河裡去挑，這麼一來一回，有時就得花上一整天的時間。

小鄭發現在那一長列的擔水大軍中有一個老人，他肩上的兩個水桶都已經年久失修，出現了裂縫，一路上滴滴答答的一直漏水，雖然漏得不多，但是這麼半天下來，滿滿的一桶水也只剩下半桶。

小鄭不解地問道：「老先生，難道你沒發現水桶正在漏水嗎？為什麼不修理一下呢？你們花了這麼多時間和力氣挑水，就這樣漏掉了，多浪費呀！」

老人聽了一點也不著急，他微笑著說：「你放心，只要曾經認真付出過，所有的熱情都不會浪費，更何況我灑的水是如此珍貴啊！」

小鄭聽得一頭霧水，每個人都有自己的想法，雖然他不能理解，但是也無權左右。一直到數個月之後，小鄭才終於領悟到老人話中的含義！

當他身心疲憊地踏上歸途，重新又經過這座村莊時，他的眼睛一亮，眼前的景象實在令人不可思議，原本光禿禿的泥土路上竟長出了一叢叢的翠綠青草，老人走過的地方竟開滿了艷麗的野花。

有時候，好事壞事不能光看表面，只是時候未到。

凡是走過的，必定留下痕跡，你所做的每一件事情，老天自然會有所回應，只要平心靜氣地努力，不再急功近利、怨天尤人，你的收穫不是現在，就是在未來。

成功沒有標準模式，也沒有既定的時間表，你只能要求自己多努力一點、多付出一點、多說些好話、更要多做些好事。

別把自己限在過去的框框裡

觀眾不看了，有更年輕的人選取代你了，你再怎麼留戀這個舞台，也必須下台，這個世界就是這麼現實。

人生的舞台不只一個，你所能扮演的角色也不只一個，一齣戲演完了，你可以再演另一齣，何必把自己限在過去的框框裡呢？

歲月不饒人，運動員的生涯是很短暫的。帕特．萊里原本是個受萬人矚目NBA球員，在年歲漸長、體力也逐漸走下坡之後，他被毫不留情地趕出了NBA。鎂光燈下的星星一旦失去了耀眼的光芒，那麼只會被當成一顆擋路的隕石，人很現實，人生更是不得不現實。

帕特．萊里離開了他長久以來習以為常的生活世界，這意味著他同時得離開自己生命中的一部分，朋友、同事、一分引以為傲的職業、一個安定無虞的生活。

這些更意味著奮鬥了這麼多年之後，他將一無所有，再度歸零。

帕特．萊里很痛苦，他無法接受這種改變，心裡滿是怨氣，他花了好長一段時間自艾自憐，還試圖用酒精麻醉自己。

直到有一天，他突然想到，如果當初自己沒有成為一位運動員，那麼他將會成為什麼呢？他也曾經有過其他的夢想，嚮往不同的生活，如今，該是實現這些可能的時候了！

他想起自己小時候曾經是個忠實的小球迷，但他從沒想過有一天自己也能站在場上發光發亮，當時，他最大的願望就是成為球場的清潔工，每天可以看到許多運動場上的大明星。於是，他想著：「為什麼不趁現在去替自己圓夢呢？」

帕特．萊里立定志向之後，重新回到球場，不過這一次，他是用不同的身分，他從最低層的職務開始做起，先是做巡迴賽秘書，然後做湖人隊比賽的球評。

一年半之後，他簽約擔任了助理教練，憑著他傲人的球技與經驗，不到兩年的時間，他就成了湖人隊的總教練。

帕特·萊里在投籃失利之後，並沒有懊悔太久，他立刻轉身用最快的速度接下籃板球，結果他贏了，因爲他把握了每一次投籃的機會。

在人生的舞台上，無論你扮演的是哪一種角色，最後都難免會有曲終人散的時候。即使你演得再怎麼得心應手，觀眾不看了，有更年輕的人選取代你了，你再怎麼留戀這個舞台，也必須下台，這個世界就是這麼現實。

不過你不必自怨自艾，不妨靜下來想一想，你還能做什麼？

勇敢地踏出第一步吧！你會發現，其實世界很遼闊，你的未來仍然掌握在自己手中。

別當永遠的醜小鴨

每個人都有不完美、需要遮掩的地方，只要懂得選擇適合自己的「衣服」，你不會永遠都是一隻醜小鴨的。

如果你只著眼在自己的缺點上，像拿一面放大鏡去審視自己的傷口一樣，那麼你只會發現缺點不斷地擴大，逐漸佔滿了你所有的視線。

喬治．伯恩斯在接下演出《陽光男孩》中的一個角色時，已經八十多歲了，在這之前，他已經有三十五年沒拍過電影，對於這分工作就像新人一樣生疏。

在開拍之前的一個星期，導演為了正式拍攝時能有最好的效率，特地召集所有的演員把劇本預演一遍。

當導演和製片人到達片場時，發現每個人都帶了劇本，只有喬治．伯恩斯沒有帶；不帶劇本的演員就像沒帶課本上學的學生一樣，誰會認為他是個好學生呢？

於是，導演把喬治叫到一旁，嚴厲地對他說：「我想你不適合擔任這個角色，今天就要預演了，你竟然連劇本都忘了帶！」

然而，喬治聽了面不改色，用堅定的語氣說：「不要擔心，請開始吧！」

預演幾分鐘後，所有人都大吃了一驚，目瞪口呆地望著喬治。因為，他不僅背熟了自己的台詞，就連其他人的台詞也一字不漏地熟記在心，整部長達一百多頁的劇本就像刻在他腦中一樣，無論進行到哪個片段，他都能背出，甚至比導演還要熟練。

喬治對旁人的稱讚絲毫無動於衷，只是謙虛地笑了笑說，他從小就十分善於背誦，因為他患有閱讀障礙症，無論怎麼努力也無法提升自己的閱讀能力。因此，只要是聽過一次的東西，他就會盡力地把它烙印在腦海裡，用超強的記憶力來掩飾自己不識字的缺點。

在他的演員生涯裡，這樣的功夫時常幫助他快速地融入角色，特別是在演出音樂劇時，他可以熟練地背誦一長串的歌詞，讓演出更加得心應手。

就這樣，喬治·伯恩斯成功地詮釋了《陽光男孩》中的角色，他的演出流暢自然，贏得了當年奧斯卡最佳男配角獎。

八十多歲的他仍然寶刀未老，之後，他繼續參與演出，而且拍了十多部膾炙人口的電影。

人有一短，必有一長，重要的是你必須發揮自己的專長。

經營人生就像穿衣服一樣，如果你的腰圍很大，那就不要穿低腰褲，露出腰上的那一圈肥油；如果你的腿又短又粗，那又何必趕流行穿迷你裙？不是每個人都會欣賞德國豬腳的。

每個人都有不完美、需要遮掩的地方，只要懂得選擇適合自己的「衣服」，麻雀都能變鳳凰了，你不會永遠都是一隻醜小鴨的。

生活良品

43

如果你不相信自己，誰會相信你

作　　者　江映雪
社　　長　陳維都
藝術總監　黃聖文
編輯總監　王　凌
出 版 者　普天出版家族有限公司
新北市汐止區忠二街 6 巷 15 號
TEL / (02) 26435033 (代表號)
FAX / (02) 26486465
E-mail：asia.books@msa.hinet.net
http://www.popu.com.tw/
郵政劃撥 19091443 陳維都帳戶
總 經 銷　旭昇圖書有限公司
新北市中和區中山路二段 352 號 2F
TEL / (02) 22451480 (代表號)
FAX / (02) 22451479
E-mail：s1686688@ms31.hinet.net
法律顧問　西華律師事務所・黃憲男律師
電腦排版　巨新電腦排版有限公司
印製裝訂　久裕印刷事業有限公司
出 版 日　2022 (民 111) 年 2 月第 1 版
I S B N◉978-986-389-806-1　　條碼 9789863898061
Copyright©2022
Printed in Taiwan, 2022 All Rights Reserved

■ 敬告：
本書著作權受著作權法保護，任何形式之侵權行為均屬違法，一經查獲絕不寬貸。

國家圖書館出版品預行編目資料

如果你不相信自己，誰會相信你／
江映雪著.—第 1 版.—：新北市,普天出版
民 111.2 面； 公分. - (生活良品；43)
I S B N◉978-986-389-806-1 (平裝)

普天之下・盡是好書
普天出版家族
Popular Press Family
凌雲
A-Plus Creative Company
文創